JN069709

インクルージョンを
進めるために
障害児の放課後活動を
豊かにしよう

～放課後等デイサービスを中心に～

渡邉健治・岩井雄一 監修

中西郁・大井靖・日高浩一・蓮香美園・田中謙・若井広太郎 編著

ジアース教育新社

はじめに

　障害者の権利条約が 2006 年 12 月の国連総会で採択されました。我が国では条約締結に向けた国内法の整備を行い、衆議院、参議院での承認を経て、2014（平成 26）年 1 月 20 日に障害者の権利条約の批准書を国連に寄託し、2 月 19 日に条約が発効されました。我が国の障害者の福祉・教育は障害者の権利条約に沿って進められることになりました。

　1970 年代に北欧のデンマーク、スウェーデンにより進められてきたノーマライゼーションは、世界各国に広まり、国際的な承認を得るまでになりました。我が国においても障害児者の福祉はその影響を受けて進められ、施設福祉から地域福祉への転換が提唱されてきました。しかし、1980 年代後半より、ヨーロッパを中心にソーシャルインクルージョンが台頭し、国際的な流れになってまいりました。国連では、インクルージョンについて検討をつづけていましたが、2019 年に国連事務総長により障害者問題に特化した「国連障害者インクルージョン戦略」が承認されました。この戦略に基づいて各国においても障害者のインクルージョンが展開されていくのではないかと思われます。

　日本におけるインクルージョンに対する取り組みは早くはありませんでした。それでもようやく、2015 年（平成 27）年 4 月に厚生労働省により「放課後等デイサービスガイドライン」が示され、その中で、共生社会の実現に向けた後方支援としてインクルージョンを進めていくことが述べられました。そして、2023（令和 5）年 3 月には、障害児通所支援に関する検討会報告書では、児童発達支援センターが地域のインクルージョン推進の中核としての機能を果たすことを期待し、放課後等デイサービスについては、後方支援としてインクルージョンを進めることがより強く述べられています。

　この著書では、インクルージョンを進める観点から、放課後活動を豊かにするために、障害児の放課後活動全般を扱いつつ、放課後等デイサービスを中心に編集されています。第 1 部では、まず、ノーマライゼーションからインクルージョンへの転換、国連におけるインクルージョンの取り組み、デンマーク、スウェーデン、アメリカの放課後活動が紹介され、我が国における障害児の放課後活動の現状と課題として、放課後活動全般と放課後等デイサービスについて述べられています。2012（平成 24）年 4 月から制度化された放課後等デイサービスは、その事業所が急激に増加したこともあり、様々な課題を抱えていることは否めませ

ん。そのため、多角的な観点から放課後等デイサービスを捉えられるように、事業者からみた放課後活動、学校から見た放課後活動、保護者から見た放課後活動を述べ、小中学校在籍児童生徒の放課後活動の課題、放課後等デイサービスが行っている送迎についての課題を明らかにしています。そして最後に、戦後、様々に展開されてきた放課後活動の変遷が述べられています。第2部では、特徴的な放課後等デイサービスの事業所の取り組みの事例、そして第3部ではインクルージョンの事業紹介を行っています。

　日本では、障害者の入所施設が多く存在しているなどノーマライゼーション時代の課題を多く残しています。より広い概念のインクルージョン時代において、問題を拡散させず、障害者インクルージョンとして、課題に迫る活動が求められています。放課後等デイサービスは、インクルージョンを進めるうえで、乗り越える壁は決して低くありません。しかし、それでもインクルージョンの観点からの放課後等デイサービス事業所の小さな取り組みの積み重ねから、大きなうねりを作りだしていくことが可能になります。つまり、きめ細かで丁寧な活動を展開するとともにインクルージョンとして可能な活動を積み重ねていく取り組みが求められているのだと思います。本書がそのような活動を進めるための一助となることを願っております。

東京学芸大学名誉教授

渡邉 健治

目　次

ひとめでわかる本書の内容

◆ 第1部 ◆

障害児の放課後活動の基本

第1章 インクルージョンと放課後活動

ノーマライゼーションからインクルージョンへの転換、国連における国連障害者インクルージョン戦略への取り組み、そして、これほど違うデンマーク、スウェーデン、アメリカの放課後活動について紹介しています。

第2章 障害児の放課後活動の現状と課題

障害のある子ども達の放課後等の支援策について、放課後児童クラブ、放課後子供教室、放課後等デイサービスの現状と課題を紹介しています。現在の障害のある子ども達の放課後活動の現状や課題が分かります。

第3章 事業者による放課後等デイサービスの展望

事業者として放課後等デイサービスの事業を進めていく方向性を保護者のニーズ、厚生労働省の検討会の報告等から考えてみました。今後の活動の在り方、関係機関との連携、保護者支援、インクルーシブな放課後の在り方について分かります。

第4章 学校から見た「放課後等デイサービス」

多くの子ども達が放課後等デイサービスを利用する学校の立場から、放課後等デイサービスと学校との連携の重要性を考えました。学校との連携が子ども達の放課後活動の充実へとつながる大切なポイントの一つになることが分かります。

第5章 小中学校在籍児童生徒の放課後活動

日本の放課後対策を「子どもの人権」という視点で見直す必要があるという問いをきっかけに、現在の放課後対策を整理しました。特別支援学級や特別支援学校の教員へのインタビューから障害のある子ども達の放課後の現状と課題が分かります。

第6章 保護者が求める放課後活動 ─ 放課後等デイサービスを中心に ─

1970年代より親たちが我が子の豊かな生活を願って立ち上げてきた放課後活動。約50年を経て「放課後等デイサービス」として制度化して、その事業数も大きく増加した放課後活動で、現在の保護者は何を望んでいるのかを考えてみました。

第7章 放課後等デイサービスが行っている送迎

放課後等デイサービスが行っている送迎は、ガイドラインに示される適切な安全運行と、学校から事業所への送迎時での引継ぎが「事業所にとって一方的な情報提供」とならないような、送迎時の連携の取り組みの在り方などが分かります。

第8章 放課後活動支援の変遷

日本における放課後活動の支援について、戦前・戦後の制度の変革から、学校五日制の導入により大きく変わった障害のある子どもの放課後の在り方等について概観しました。今後のインクルージョンな放課後活動に向けた方向性が分かります。

◆ 第2部 ◆

放課後を豊かにする放課後等デイサービスなどの取り組み

　障害のある子ども達の放課後活動を豊かにする放課後等デイサービス等の8事業所等の取り組みを紹介しています。

　特別支援学校の子どもへの取り組みから、特別支援学級、通常学級に在籍する子どもへの取り組みなど、さまざまな子ども達への放課後支援の取り組みを紹介しています。

◆ 第3部 ◆

放課後等デイサービスなどのインクルーシブな取り組み

　障害のある子ども達の放課後活動の中でも、インクルーシブな取り組みを行っている3つの放課後等デイサービス等の取り組みを紹介しています。

　事業所から地域に出ていくとは、どのようなことか。また、その取り組みで分かった課題や重要性について理解を深めることができます。

◆ 第1部 ◆

障害児の
放課後活動の基本

第 1 章

インクルージョンと放課後活動

第1節　ノーマライゼーションからインクルージョンへ

　ノーマライゼーションは北欧のデンマーク、スウェーデンを中心に展開されてきました。当時デンマークでは、知的障害者が 1,500 床以上もある施設に詰め込まれ、粗悪な物理的環境の中で、優生手術^(注1) もなされるような処遇を受けていました。このような処遇について知的障害者の親たちが疑問や問題を感じている状況を改善する願いが高まり、1951 ～ 52 年に「知的障害者の親の会」が誕生しました（バンク・ミケルセン，1997，p.79）。入所者数を 20 ～ 30 人の小規模施設にすること、施設を地域に作ること、他の子どもたちと同じように教育を受ける機会を作ることをスローガンに持っていました。デンマークのバンク・ミケルセン（Neils Erik Bank-Mikkelsen）は、社会省の担当者であったため、親の会のスローガンを実現するよう文章化に努め、ノーマライゼーションという用語を盛り込みました（バンク・ミケルセン，1997，p.80）。知的障害をもっていても、その人は、一人の人格をもつものであり、ノーマルな人々と同じように生活する権利をもつ人間であるという考えが盛り込まれ、1959 年法が制定されました（バンク・ミケルセン，1997，p.81）。バンク・ミケルセンはその後もデンマークでノーマライゼーションの進展に尽力しました。

　一方、スウェーデンのベンクト・ニィリエ（Bengt Nirije）は、1969 年に「ノーマライゼーションの原理」を発表しました。ニィリエは、ノーマライゼーションについて次のように述べています。「ノーマライゼーションの原理とは、生活環境や彼らの地域生活が可能な限り通常のものと近いか、あるいは、全く同じになるように、生活様式や日常生活の状態を、全ての知的障害や他の障害をもっている人々に適した形で、正しく適用することを意味している」（ベンクト・ニィリエ，2005）。

注1　優生手術・・・優良な子孫を残し、劣悪な子孫を除去するという優生学に則り、精神病者や知的障害者に不妊の手術を行うこと。

　北欧を中心に展開されたノーマライゼーション運動は、1970 年代以後、国際的な潮流となり、国連の「知的障害者の権利宣言（1971）」、「障害者の権利宣言（1975）」、「国際障害者年（1981）」等の国際的動向の基本理念に位置づけられました。日本においてもノーマライゼーションは浸透してきており、1979 年当時、重症心身障害児施設島田療育園（現島田療育センター）に勤務していた著者の渡邉は、ノーマライゼーションが障害者福祉において課題になってきたことを感じながらもこの施設の状況からしてなかなか難しい問題と感じたことを覚えています。ノーマライゼーションはさらに進展を見せ、1995 年には「障害者プラン（ノーマライゼーション七か年戦略）」（1995 年）が策定されました。しかし、1990 年代以後、ノーマライゼーションは影を潜め、インクルージョンにとって代わられるようになってきました。

　では、ノーマライゼーションとインクルージョンとの相違はどこにあるのでしょうか。Culham A, Nind M, によると、○ノーマライゼーションとは異なり、インクルージョンは、いわゆる開発途上国でも議題に上がってきた。○インクルージョンの概念は、ノーマライゼーションの概念を超越し、正常性よりも参加を強調することばを使用する傾向がある。○インクルージョンは、不利な立場にある人、障害のある人、または以前に取り残されていた人だけでなく、すべての人の行動と責任に焦点を当てることにより、人種、性別、貧困、および障害のある人とない人の間の伝統的な境界を超えるものとして見られている、とされています（Culham A, Nind M, 2003, p.66）。ノーマライゼーションは、先進国における主として知的障害のある人の、障害のない人と同じような生活を求める運動でしたが、インクルージョンは、発展途上国も視野に入れ、障害のある人だけでなく、排除されている人すべてが対象とされている、と言うことができるでしょう。

第 2 節　インクルージョンへの転換

1．ソーシャルインクルージョンの起源と経緯

　ソーシャルインクルージョンという用語は 1970 年代のフランスに起源を有します。ソーシャルインクルージョンはソーシャルエクスクルージョン（社会的排除）と密接に関連しており、エクスクルージョンはフランスのルネ・ルノワールの 1974 年の著作にみられると言われています（Allman, 2013, p.7）。

　1980 年代には、ソーシャルエクスクルージョン social exclusion（社会的排除）

への関心がヨーロッパ中に広がり、1990 年代初頭には社会的排除と闘うための政策、インクルージョン（inclusion）がヨーロッパの主流になりました（Hayes, Gray & Edwards, 2008）。2000 年に、EU 首脳は、2010 年までに貧困撲滅に決定的な影響を与えるためのインクルージョンプロセスを確立しました（European Commission, 2010）。インクルージョンの対象となるのは、貧困の根絶、住宅の確保、障害者、移民の統合などでそれらの差別を克服することにあります。

2．インクルージョンの発展

　ソーシャルインクルージョンの概念はヨーロッパを中心に広まりましたが、1990 年代には国際的な流れになっていきました。その一つは、1994 年 6 月 7 日から 10 日にユネスコとスペイン政府によって開催された「特別ニーズ教育世界会議：アクセスと質」によってもたらされました。その会議において採択された「特別なニーズ教育に関するサラマンカ声明と行動の枠組み」において、インクルージョンとインクルーシブ教育を推進していくことが表明されました（中野善達, 1997）。この会議においてインクルーシブ教育への転換が示され、以後、インクルーシブ教育が国際的に推進されるようになりました。1995 年には、117 人の国家元首が一堂に会した世界最大規模の集会である世界社会開発サミット（The World Summit for Social Development）が、コペンハーゲンで開催されました。そのサミットでは、「社会的統合の目的は、権利と責任を有するすべての個人が積極的な役割を果たすことができる『すべての人々のための社会』を創造することである。」とし、インクルーシブな社会が目指されました（United Nations 1996, p.65）。さらに、2006 年 12 月に国連総会において「障害者の権利条約」が採択され、第 19 条の「自立した生活及び地域社会への包容（inclusion）において「障害者が、この権利を完全に享受し、並びに地域社会に完全にインクルージョン（full inclusion）され、及び参加することを容易にするための効果的かつ適当な措置をとる。」とされ、そして第 24 条においてインクルーシブ教育の推進が示されました。国際的に、ノーマライゼーションからインクルージョンへの転換がはかられたことの証左であると言えます。

　国連では、ソーシャルインクルージョンへの取り組みを進めていますが、2016 年の「世界社会情勢についての報告（Report on the World Social Situation ）」の中での定義では、「ソーシャル・インクルージョン（社会的包摂）とは、機会、資源へのアクセス、発言力、権利の尊重を高めることによって、特に不利な立場にある人々の社会参加の条件を改善するプロセスである」とされています（United Nations, 2016, p.17）。

　国連において、ソーシャルインクルージョンへの取り組みを障害者問題に特化したものとして「国連障害者インクルージョン戦略」という新たな概念が創出されました。2018 年 4 月、国連のグテーレス事務総長により国連システム全体のアクセシビリティと障害者の権利の主流化を強化するための策定プロセスが開始され、事務総長執行委員会の決定に応じた「国連障害者インクルージョン戦略（United Nations Disability Inclusion Strategy（UNDIS））」が策定されました（United Nations, 2019, p.3）。そして、2019 年に国連事務総長により「国連障害者インクルージョン戦略」が採択されました。「国連障害者インクルージョン戦略」とは、「障害のある人のあらゆる多様性における有意義な参加、組織の活動全体にわたる権利の促進と主流化、障害に特化したプログラムの開発、および障

国連障害者インクルージョン戦略

　障害者のインクルージョンに関する「国連障害者インクルージョン戦略の目的」は、政策と説明責任の枠組みを通じて、国連システムが障害者のインクルージョンに関する目的に適合していることを保証する包括的な戦略を表しています。この戦略は、国連の活動のすべての柱を通じて、障害者のインクルージョンに関する持続可能かつ変革的な変化の基盤を提供していきます。現在の戦略は 5 年間実施され、その後必要に応じて見直され更新されます。障害者のインクルージョン達成の目的を実現するために、国連が重点を置く分野と機能を特定し、各国の取り組み状況を取集し、分析、評価し、さらなるインクルージョンの向上を目指していきます。取り組みの主たる 4 つの中心領域は、以下の領域です。

1．リーダーシップ、戦略的計画、管理
　障害者のインクルージョンを擁護するシニアリーダーシップ。障害を持つ人々を考慮に入れた戦略的計画。障害に特化した政策や戦略の策定、障害者のインクルージョンに関する知識と専門知識を持つチームまたは個人の設立。

2．インクルーシブ
　私たちが行うすべてのことにおいて、障害者とその代表団体と緊密に協議し、積極的に関与させること。当社の建物や施設、ワークスペース、情報通信、会議やイベントなど、すべての人が完全なアクセシビリティを確保し、それを達成するための具体的な手段、設備、サービスを提供します。

3．プログラミング
　現場と本部への実践的なガイダンスを通じて、障害インクルーシブなプログラムをサポートします。我々の強みを活用し、進歩を加速させるための共同イニシアチブを策定する。そして、私たちがどのようにやっているかについての情報の提供について評価を行います。

4．組織文化
　国連の労働力に障害者を惹きつけ、採用し、維持し、昇進させるために、内部システムを進化させること。障害者のインクルージョンを理解するためのスタッフの能力を構築する。そして、障害者の権利を促進し、障害者のインクルージョンに関する意識を高めるためのコミュニケーションを発展させます。

UN Disability Inclusion Strategy
Read the Secretary-General's progress report on the implementation of the Strategy (October 2022)
UN Disability Inclusion Strategy

害者の権利に関する条約に準拠した障害関連の視点の検討を指す。」とされています（United Nations, 2019, p.3）。2019 年に発足した「国連障害者インクルージョン戦略」では、すでに 2020 年、2022 年に事務総長報告として「国連組織における障害者インクルージョン（Disability Inclusion in the United Nations system）」において、2020、2022 年度の国連障害インクルージョン戦略の実施や各国のインクルージョンの状況の分析を行ったものが掲載されています（United Nations, 2020, 2022）。「国連障害者インクルージョン戦略」の実施により、障害者問題はノーマライゼーションではなく国際的にはインクルージョンを基軸にして展開されていくことが明白であるように思われます。

第 3 節　日本におけるインクルージョンへの取り組み

　日本におけるインクルージョンの動きは極めて緩慢であります。それでもようやく、2015（平成 27）年 4 月に、「障害児通所支援に関するガイドライン策定検討会」の報告書において、「放課後等デイサービスガイドライン」が示されました。そこでは、以下のように示されています。
　「○共生社会の実現に向けた後方支援　―　放課後等デイサービスの提供に当たっては、子どもの地域社会への参加・包容（インクルージョン）を進めるため、他の子どもも含めた集団の中での育ちをできるだけ保障する視点が求められるものであり、放課後等デイサービス事業所においては、放課後児童クラブや児童館等の一般的な子育て支援施策を、専門的な知識・経験に基づきバックアップする『後方支援』としての位置づけも踏まえつつ、必要に応じて放課後児童クラブ等との連携を図りながら、適切な事業運営を行うことが求められる。」（厚生労働省, 2015, pp.2-3）。
　そして 2016（平成 26）年に、「今後の障害児支援の在り方について」（障害児支援の在り方に関する検討会報告書）では、インクルージョンとして、障害児支援を、その専門的な知識・経験に基づいて一般的な子育て支援施策をバックアップする後方支援として位置づけることが必要とされています。さらに、2021（令和 3）年に障害児通所支援の在り方に関する検討会、2023（令和 5）年に「障害児通所支援に関する検討会報告書」が出されました。2023 年の報告書では、「2．基本的な考え方」の「（3）地域社会への参加・包摂（インクルージョン）の推進」において、「こども家庭庁も創設される中で、子育て支援施策全体の連続性の中で、

インクルージョン（地域社会への参加・包摂）をこれまで以上により一層推進すべきである」としています（障害児通所支援に関する検討会，2023，p.3）。

　「障害児通所支援に関する検討会報告書」において、インクルージョンの推進が示されています。そして放課後等デイサービスガイドラインでは、放課後等デイサービス事業所は、放課後児童クラブや児童館等の一般的な子育て支援施策を、専門的な知識・経験に基づきバックアップする「後方支援」として位置づけています。2024 年 3 月に厚生労働省より「放課後等デイサービスガイドライン（素案）」が示され、後方支援として、具体的な内容が示されました。「後方支援」としてインクルージョンを着実に進めていくことは、とても重要なことと思われます。ノーマライゼーションの観点からも、施設福祉ではなく、地域福祉が叫ばれてきました。インクルージョンという新たな観点の下で、施設福祉からの転換を目指し、障害児者福祉を改善していくことが求められています。放課後等デイサービスに関して言及しますと、放課後等デイサービスを「後方支援」として位置づけていますが、それだけでは十分ではないように思われます。つまり、後方支援ではなく、放課後等デイサービスにおいて展開する活動に障害のない子どもが参加する条件を整えるというようなインクルージョンの構想は述べられていません。今後の放課後等デイサービスをインクルージョンの観点から進めていくには、アメリカのアフタースクール等も参考にしつつ、国際的な観点も踏まえ長期的な展望に立って検討していくことが必要と思われます。

第 4 節　日本の放課後活動におけるインクルージョン

　日本における障害児支援としての放課後活動は、放課後子供教室、放課後児童クラブ（学童クラブ、以後学童クラブとする）、放課後等デイサービス、日中一時支援で行われています。その他に、公的補助を受けていない、学習塾形態の教室等も存在しています。教育分野である放課後子供教室は、その前身は 1999（平成 11）年「全国子どもプラン（緊急三か年戦略）」です（猿渡，2012，p.42）。文部科学省は 2004（平成 16）年度からは「地域子ども教室推進事業」として、全国の学校等で、放課後や休日に、子どもの活動拠点としての居場所をつくり、家庭、地域、学校が一体となって取り組む「子どもの居場所づくり新プラン」を実施すると、説明しています（文部科学省，2004，p.1）。2007（平成 19）年度からは、「放課後子どもプラン」が実施され、放課後子供教室と放課後児童クラブを一体的あ

るいは連携して実施しています。放課後子供教室の対象は小学校 1 ～ 6 年生のすべての子どもとし、学習支援や多様なプログラムを実施するとしています（子ども家庭庁，2023）。放課後子供教室は障害のある子どもも基本的には参加できるようになっており、形態的にはインクルージョンでありますが、障害のある子どもの支援体制が整っているとは言えず、障害のある子どもが参加することは少ないようです。

　学童クラブは 1998（平成 10）年に、放課後児童健全育成事業が施行され、放課後児童クラブとして実施されています。2007（平成 19）年度からは、内閣府が主導し、文部科学省と厚生労働省が連携し、地域社会の中で、放課後等に子どもたちの安全で健やかな居場所づくりとして「放課後子どもプラン」が実施されています（内閣府，2007）。学童クラブへのニーズは高く、国は待機児童を解消するために 2019 年度から 2023 年度までに約 30 万人分の整備を図ろうとしています。学童クラブは、保護者が労働等により昼間家庭にいない、障害のない子どもを対象としています。しかし、2001（平成 13）年には障害児 4 人以上が在籍することでの加算補助が開始され、2017（平成 29）年には、障害児の人数要件の緩和と医療的ケア児受入の看護職員の配置に対する費用補助が開始されています（牛木・定行，2020，p.30）。

　障害のある子どもの利用者数が最も多いのは放課後等デイサービスです。放課後等デイサービスは、2012（平成 24）年に児童福祉法の改正により創設された新たな事業であり、令和 4 年改正児童福祉法の第 6 条の 2 の 2 の③において幼稚園及び大学を除く学校教育法第 1 条に規定する学校又は専修学校等に就学している障害児につき、授業の終了後又は休業日に、児童発達支援センターその他の内閣府令で定める施設に通わせ、生活能力の向上のために必要な支援、社会との交流の促進その他の便宜を供与することをいう、とされています。放課後等デイサービスは報酬単価が高いために社会福祉法人以外の、NPO 法人や協同組合，営利法人（株式会社等）が参入したこともあり，厚生労働省に設置された 2022（令和 4）年 12 月の第 6 回「障害児通所支援に関する検討会（オンライン開催）」の資料によりますと、2012（平成 24）年に 2,887 か所だったものが 2021（令和 3）年には 17,298 か所と 6 倍近く増加しております（厚生労働省，2022，p.4）。数の増加だけでなく支援内容についても「障害児の専門的な療育とは程遠い実態がみられ、このことに関してはマスコミ等を含めて数多くの問題の指摘がなされ」社会的な問題となってきた経緯もあります（小澤，2018，p.227）。放課後等デイサービスの対象児は学校に就学し、18 歳未満とされています。厚生労働省の令和 4 年度

の「放課後等デイサービス給付費」を見ると医療的ケア児、重症心身障害児の支援に対しても給付がなされ、実際に医療的ケア児、重症心身障害児が放課後等デイサービスの支援を受けています（ラシク rashiku-dayservice.com）。

第 5 節　外国における放課後活動の現状と課題

　外国において放課後活動について統一した用語は使用されておりません。ヨーロッパでは、アウトオブスクールケア（Out-of-school care）、アメリカではアフタースクール（After-School）が使用されています。ヨーロッパ全域での生活と労働条件の改善を目的に欧州理事会によって 1975 年に設立された「欧州生活労働条件改善財団」（European Foundation for the Improvement of Living and Working Conditions）は、アウトオブスクールケア（学校外ケア）について調査を行い、報告書を出しています（Eurofound, 2020）。その報告書では、アウトオブスクールケアについて、「アウトオブスクールケアサービスは、義務教育時間外に提供される初等中等学童（6-12 歳）向けの正式なプログラムまたは活動として定義」されるとしており、サービスは、学校の前後、昼休み、学校休暇中に利用できるので、日本の放課後等デイサービスよりも利用範囲が広くなっています（Eurofound, 2020, p.1）。アウトオブスクールケアは「放課後保育」、「ラップアラウンド保育」、「校外サービス」など、さまざまな定義や用語が使用され、単一の合意された定義や一般的に使用される用語はなく、各国は独自の定義を使用しており、アウトオブスクールケア活動についての理解が異なる場合もあるとしています（Eurofound, 2020, p.1）。インクルージョンとの関係では、アウトオブスクールケアがあまり確立していないポーランド、クロアチア、エストニア、リトアニアなどの国では社会経済的に恵まれない環境に住む子どもたちにとって、社会的排除を克服するためのツールとみなされていると指摘されています（Eurofound, 2020, p.9 ）。以下では、国際的にみて放課後活動が比較的に充実していると言われている北欧のデンマーク、スウェーデン放課後活動と歴史的に先駆的な試みのあるアメリカのアフタースクールについてみていきたいと思います。

1. 北欧における放課後活動

　北欧における放課後活動を見てみると、日本における放課後児童クラブや放課後等デイサービスのような福祉型ではなく、放課後子供教室のような教育型で実

施されています。北欧全体を見てみると、ノーマライゼーションの発祥の地のデンマーク、スウェーデンのケアが充実しているように思えます。従って、ここでは、デンマーク、スウェーデンの放課後活動を中心に見ていきたいと思います。

（１）デンマークにおける放課後活動

【デンマークにおける障害児者福祉】

　デンマークの障害者政策は、「機会均等」、「保障」、「部門的責任」という３本の柱で展開されていると言われています（戸田，2019，p.28）。機会均等は、障害者など「機能低下者」が他の市民と同じように社会活動や労働市場などへの参加ができるようにすることであり、保障とは、機能低下によって個人的に経済的負担がでないように公的部門による保障措置が取られることを意味し、部門的責任とは、政府機関の諸官庁に、それぞれの障害者対策に関して財政的な責任を持たせるということを示しています。2015年に障害者の「社会サービス統合法（Consolidation Act on Social Services）が改正されました。これは1998年制定法の改正法で、その目的として、(i) 社会問題を防止するための助言と支援を提供すること、(ii) 同時に予防策として機能するように設計された多くの一般サービスを提供すること、(iii) 身体的または精神的機能の障害、または特別な社会的問題に起因するニーズを満たすため、とされていますし、19条の（１）では、「市議会は、子ども、若者およびその家族に影響を及ぼす措置および活動が、子どもおよび若者の発達、福祉および自立を促進するような形で実施されることを確保するものとする。」とされ、一般的かつ予防的な性質の措置の実施に適用されるだけでなく、身体的または精神的機能に障害がある、またはその他の特定の支援が必要な子どもや若者に関連して実施されるものであることを示しています。つまり、障害に起因するニーズ及び災害等の社会的問題に起因するニーズに対応していくこともこの法の目的の一つとして示されていますし、19条の（１）では、その目的は、身体的または精神的機能に障害がある、またはその他の特定の支援が必要な子どもや若者に関連しても実施されることを示しています。

　放課後活動を示す条項として、11条の（６）において、「市議会は、予防活動の一環として、特別な支援を必要とする子どもや若者の余暇活動に対する経済的支援を決定することができる。」とし、36条の（1）では、「市町村議会は、身体的または精神的機能の実質的かつ永続的な障害により、支援、治療等を必要とする年長児および年少者のために、特別クラブ施設において、必要な人数の利用が可能な措置を確保しなければならない。」とされています。一般の利用は基本的には有料で９歳までとなっています。しかし、障害のある子どもの利用にあたっ

ては、料金も無料で、年齢制限も緩和されることになります。

【デンマークにおける学校教育】

　デンマークの学校教育は、6 歳〜 16 歳までが義務教育です。インクルーシブ教育を進めるために 2012 年に「インクルージョン法（The Inclusion Act）が制定されました。これは 2015 年までにデンマークの公立学校制度の全生徒の 96％が通常の教室で教育を受けなければならないというものですが、推進に苦慮しているようで、2016 年にはインクルージョン法から 96％という目標は削除されました（Dyssegaard, C. B., and Egelund, N. 2019, p.8）。インクルーシブ教育が基本ですが、重度の障害のある子どもは、特別学校、通常の学校と特別学校が並置されている学校、通常学校の特別クラスであるセンタークラス（centre classes）のいずれかで教育を受けることになります（Council of Europe, 2003, p.81）。

【デンマークにおける放課後活動】

　低学年の児童のために、1975 年に、学校敷地内に保育施設を設置できるようになりました（The Ministry of Social Affairs, 2000, p.23）。学校ベースのレジャータイム施設の運営は、通常の保育施設よりも安価で、ケア施設は多くの場合、校舎や使用されなくなった校舎の一部、たとえば元々は校長用の住居、地下室、その他の利用可能な施設に設置されていました。1979 年に、デンマークの学校法である「フォルケスコーレ法（the Folkeskole Act）（初等前期中等教育法）」における保育施設の利用に関しては、「地方自治体は、授業時間の前後に子どもを監督するために親に支払いを要求する」とされ有料となっていました（The Ministry of Social Affairs, 2000, p.23）。1984 年、地方自治体は、小学校の通常の授業時間外に、学校に在籍する児童が参加できる遊びやその他の活動のために施設を使用することを可能にしました。この形態は学校ベースのレジャータイム施設（school based leisure time facilities SFO）と呼ばれています。現在では、地方自治体のアフタースクール施設、放課後センター、クラブなど放課後施設を利用することができますが、6 歳から 9 歳までが対象で、基本的には有料となっています。また、特別支援学校にアフタースクール施設が設置されているところもあります（Social Affairs, 2007, p.13）。

　2016 年 9 月 19 〜 29 日に、デンマークの教育福祉領域における障害者支援の現状や課題に関する調査の一環として、障害のある子ども・若者たちが放課後に遊ぶ場所・機会を提供することを目的とするクラブであるラヴク（Lavuk）を訪問調査した池田の報告を要約すると以下のようになります（池田, 2017, p.91）。学校が終了したのちに、コペンハーゲン市全域を周遊するバスにより利用者が集

合します。利用者の年齢は 12 ～ 25 歳ほどで、コペンハーゲン全市の障害児者が対象であり、障害の種別は問わず、利用者数は 180 名となっています。このクラブの運営はデンマークの教育予算でまかなわれ、利用料は無料となっています。障害のある子ども・若者が遊ぶ活動内容は、スポーツ、アート活動、ゲーム、料理、リラクゼーション、おしゃべり等となっています。

　デンマークの放課後活動についてまとめてみます。放課後活動の形態は、基本的には日本における放課後児童クラブ（学童クラブ）に類似しており、レジャータイム施設で実施されています。しかし、障害福祉の管轄（社会内務省）ではなく、教育の管轄（子ども・教育・男女参画省）になっています。障害のない子どもの利用は有料で、障害のある子どもは無料となります。基本的には 6 歳～ 9 歳までが対象ですが、障害のある子どもの場合は、年齢制限が緩和されます。また、特別学校に並置されているレジャータイム施設や放課後センターでは年齢が考慮されています。

（2）スウェーデンにおける障害児の放課後活動

【はじめに】

　ノーマライゼーションの先進国として、デンマークとともにスウェーデンの障害者福祉は日本においてもよく知られています。1997 年に知的障害者関係施設廃止法により知的障害者等を対象とする特別な病院及び知的障害者施設は全廃されることになりました。執筆者渡邉は、1998 年 3 月にスウェーデンに行き、知的障害者施設を訪問しました。しかし、その施設に知的障害の方は、居住しておらず、難民の方が利用する施設に変わっていました。知的障害者の多くはグループホームを利用しているようでした。スウェーデンの障害者福祉は、母子福祉、社会扶助、高齢者ケアを含む 2001 年制定の社会サービス法によって定められています（奥村・伊藤，2006）。また、社会サービス法を補完・補強するために、知的障害者や自閉症者のための機能障害者を対象とする援助及びサービスに関する法律があります（山田，2009）。この法律では、12 歳以上の障害のある子どもの学童保育、登校前後、休暇中のケアについても規定しています。しかし、学齢児の放課後活動については、基本的には教育法において規定されています。

【スウェーデンにおける障害児の教育】

　スウェーデンの学校教育は 2010 年制定の教育法において規定されています（Skollag, 2010：800）。義務教育は 6 歳からスタートし、1 年間の就学前クラス（förskoleklass）と 9 年間の基礎学校（grundskola）の計 10 年間であり、義務教育段階ではこの他、知的障害基礎特別学校（grundsärskola）、聴覚障害・重度重

複障害のための国立の特別学校（specialskola）が設けられています。特別基礎学校および特別学校の場合は任意で 10 学年まで教育期間を延長することができます（高橋他，2021，能田他，2021）。

　スウェーデンでは、法律では規定していませんが、インクルーシブ教育が進められています。視覚障害児、肢体不自由児は通常の学級で教育を受けています（石井，2021）。しかし、聴覚障害児、知的障害児は、特別学校で教育を受けています。

【スウェーデンにおける放課後活動】

　スウェーデンにおける放課後活動は、スウェーデン語でフリーティスヘム（fritidshem）と言われ、英語ですと School-age educare（学齢期教育ケア）と訳されており、また、余暇活動（leisure-time activities）とも言われています。余暇活動は、レジャーセンターで実施されているため、以後、余暇活動として説明していきます。2010 年スウェーデン教育法の「第 14 章レジャーセンター」の § 2 では、余暇センターは、就学前クラス、義務教育、特別支援義務教育、サーミ学校[注2]、および義務教育を満たせる特別教育の教育を補完する。余暇センターは、生徒の発達と学習を鼓舞し、有意義な余暇とレクリエーションを提供する必要がある。」とされています（Skollag，2010：800）。また、§ 3 では、「各市町村は、市町村の就学前クラス、義務教育学校、特別支援義務学校の生徒に対して、余暇センターでの教育を提供しなければならない。」とされています。余暇センターは、基本的には基礎学校内に設置されていますが、特別支援学校にも設置されています（Reiko S）。

　余暇センターでの余暇活動の対象は、6 歳から 12 歳ですが、一部の自治体では、特別な支援を必要とする子どもには、延長してサービスが提供されています（Eurofound，2020，p.18）。余暇センターでの余暇活動は、登校前、昼休み、放課後、学校の休み期間に実施されます。余暇センターの活動への参加費は有料で、世帯の総収入によって決定されます。この費用は特別な支援の必要な子どもにおいても同様な扱いとなっています。2017 年における 6 〜 9 歳の子どもの利用率は 90％に達しています（Eurofound，2020，p.10）。余暇センターの平均的な開所時間は朝 7 時から夕方 6 時となっています（池本，2009，p.64）。また、教育法下の余暇センターとは別に、自治体により運営される青少年センターでは、10 〜 17 歳の青年が過ごすことができるオープンスペースを提供していますが、利用率はそれほど高くないようです。

注2　サーミ学校とは、サーミと呼ばれるトナカイ遊牧民の人々のための学校

　池本によると、余暇活動には３種類があると説明されています（池本，2009）。一つは、上記で示した余暇センターによる余暇活動であり、二つ目はファミリイー・デイケアで、三つ目は開放型余暇センターです。ファミリイー・デイケアは、自治体に登録し、有料で自宅において預かり、世話する人による４〜５人の児童のケアであり、都市部より過疎地での利用率が高いとされています（池本，2009，p.64）。開放型余暇センターは、10〜12歳児を対象とし、余暇センター、ファミリイー・デイケアを代替する施設ですが、あまり普及していないそうです。

　余暇活動の内容は、1970年代には子どもの見守りだったものが、次第に教育と遊びへと移行してきて、現在は基本的には義務教育を補完するものとして位置づけられております（Eurofound，2020，p.10）。教科指導においては、学校と同じカリキュラムを使用することになります。教科として英語、数学、生物、化学、物理、地理、歴史、家庭、体育、母語を学び、教科以外の活動としては、言語とコミュニケーション、演劇、美術、音楽、自然と社会などを学びます（skolverket）。

　生活と労働条件の改善を目的としたEU機関であるユーロファウンド（Eurofound）によると、スウェーデンの放課後活動は、EUでは充実していると評価されていますが、義務教育を規定している教育法において余暇センターについても規定しているためか、放課後活動と学校活動との境界があいまいになるとも指摘されています（Eurofound，2020，p.4）。確かに、教育法において余暇センターを規定し、その規定に基づいて余暇活動が展開されている点からすれば、そのような指摘もうなずけます。福祉が充実しているスウェーデンの放課後活動が、日本における放課後子供教室に類似していて、教育サイドに傾倒しており、教科指導が行われているということは意外な印象を受けます。しかし、６〜９歳の子どもの利用率が90％に達しているということからすると、教育サイドでのニーズが高いということが言えるのではないでしょうか。そして、特別な支援を必要とする子どもの余暇活動の利用についても有料で、特別な支援がないということも幾分問題に感じられます。

２．アメリカにおけるアフタースクールについて

【アメリカにおけるアフタースクールの経緯】

　アメリカでは、1880年代にすでに子どもの課外活動の試みがなされていました。第二次世界大戦中、女性の労働力が必要となり、その影響で子どもたちの放課後プログラムへの登録が始まりました（Kelley Marie，2019，p.17）。1971年には「包括的な児童発達法（THE COMPREHENSIVE CHILD DEVELOPMENT ACT）」が米国議会を通過し、「あらゆる範囲の保健、教育、社会サービスを含む

包括的な児童発達プログラムは、アメリカの子どもたちの可能性を最大限に発揮するために不可欠であり、すべての子どもが権利として利用できるべきである。」という内容が含まれました（William Roth, 1976, p.1）。特別なニーズを持つ児童は、プログラム利用に際し特別な配慮が受けられると規定されました。しかし、この法案は、財源や行政対応、家族弱体化等の問題が存在しているとして成立しませんでした。

　1991 年には 6 歳以上の子どもと大人を対象とし、午後と夕方、週末、夏を含む学校の休日や休暇期間中に運営される学校を拠点とするコミュニティセンターがニューヨーク市に開設され、そこでは各コミュニティの特定のニーズを満たすことができるように、コミュニティセンタープログラムが実施されました（Piha Sam, et- al, 2019, p.20）。この取り組みや社会のニーズの高まりを背景に、1994 年、米国議会はアフタースクール法（Afterschool for America's Children Act）として、初等中等教育法に追加しました。この法により各州に 21 世紀地域学習センター（21st Century Community Learning Centers）が 創設され、このセンターは、今日でも、プログラムとして、子供たち、特に貧困率が高く成績の悪い学校に通う児童生徒に、学校以外の時間に学業を充実させる機会を提供するコミュニティラーニングセンターの創設を支援しています。2000 年には、チャールズスチュワートモット財団、米国教育省、J.C. ペニーカンパニーおよびクリエイティブアーティストエージェンシー財団は、アフタースクール同盟を設立し（現全米アフタースクール協会）、全ての生徒が安価で放課後プログラムを利用できるようにしました（Piha Sam, et al, 2019, p.11）。アメリカのアフタースクールは公的な支援のもと、これらの団体によって支えられており、当然、障害のある子どものアフタースクールの支援も行われています。

【アフタースクールの法的支援体制】

　1990 年代の保育ニーズ、学齢児の放課後支援のニーズの高まりのなか、1994 年 1 月に「21 世紀コミュニティラーニングセンター法（21st Century Community Learning Centers Act）」が制定されました。この法律の目的は、「主に地方や都市部の公立学校の建物において、地域コミュニティのあらゆる年齢層の住民に教育、レクリエーション、保健、社会サービスプログラムを提供する。」（SEC.6.DEFINITIONS）としています。また、21 世紀のコミュニティ学習センターにより、コミュニティ全体が地域コミュニティのすべてのメンバーの教育ニーズに対応する教育戦略を策定できるようになり、学校の施設、設備、リソースを活用することで、地域社会はより効率的な学校教育を推進できるように

なると説明しています（SEC.2.FINDINGS）。州の教育長官は学校、またはその連合体に対し、教育、保健、社会サービス、文化、レクリエーションのニーズに資するプロジェクトを計画、実施、拡大するための補助金を支給する権限を有しており、1995 会計年度には 2,500 万ドル、および 1996 年から 1999 年の各会計年度に必要な金額が割り当てられることが承認されています（SEC.3.PROGRAM AUTHORIZATION AND DISTRIBUTION）。

　1994 年 2 月に初等中等教育法への追加として「アメリカ児童アフタースクール法（Afterschool for America's Children Act）」が制定されました。この法律の目的として「児童生徒に幅広い種類の追加のサービス、プログラム、活動を提供する。」（SEC.2.PURPOSE; DEFINITIONS（4））とされ、児童生徒が通う学校の通常の学業プログラムを補強し、補完するような学業活動や充実した活動、その他の幅広い活動を、学校以外の時間や学校がない期間（登校前や放課後、夏休みの間など）に提供することで、基幹となる学業科目を学ぶ生徒を支援する、としています。また、障害のある子どもに関する条項として、健康、自尊心、自主性を向上させることを目的とした、障害のある児童生徒向けのサービスへの資金利用に関する規定も含まれました。

　障害のある子どものアフタースクール利用の基礎となる法律は、1973 年制定の「リハビリテーション法（the Rehabilitation Act）」の第 504 条、2004 年改定の障害者教育法（Individuals with Disabilities Education Act: IDEA）です。第 504 条では、「連邦の財政援助を受けるプログラムや活動の下で…米国内の障害のある有資格者が、その障害のみを理由に参加から排除されたり、恩恵を拒否されたり、差別を受けたりすることはない」（SEC. 504）とされ、連邦資金を受ける全てのプログラムに適用され、これには公立学校、課外プログラム等が含まれます。IDEA には IEP（個別教育計画）条項（sec1414（d））が規定されており、アフタースクールの必要性についても記入されます（Maryland Disability Law Center, 2012, p.25）。IEP チームが子どものニーズとしてレクレーションサービスの必要性を認識した場合には、レクリエーション活動は、学校やコミュニティ環境での放課後のプログラムで提供されることになります。

　アメリカにおけるアフタースクールの法的支援は、単独法のアメリカ児童アフタースクール法によって規定され、さらに、障害児差別を禁止するリハビリテーション法、特別教育の障害者教育法(IDEA)によって充足されているといえます。

【アメリカのアフタースクールの現状と課題】

　アフタースクールプログラムへの参加は、2004 年には 650 万人、2009 年に

は 840 万人、2014 年には 1,020 万人であり、増加が見られます（Afterschool Alliance, 2014, p.7）。実施主体は、学校、有料の自立型デイケア、21 世紀地域学習センター等であり、原則的に参加意思のある全ての子どもを受け入れます（D. S. Department of Education, 2009）。統計調査によると、全米の推定小学校数 49,700 校のうち 18% が 1 つ、23% が 2 つ、14% が 3 つ以上の放課後プログラムを持っていました（Parsad, B., and Lewis, L, 2009, p.2）。プログラムは、放課後活動の他に学習支援の個別プログラム等があり、安全な居場所としての生活支援や補助的学習プログラム、美術や工芸、レクリエーション活動等が展開されます。実施時間は、補助的学習は週 15 〜 19 時間程度と最も多く、個別学習支援は週 1 〜 2 時間程度行われています（D. S. Department of Education, 2009, p.26）。2001 年制定の「どの子も置き去りにしない法律（No Child Left Behind Act）」は、毎年実施される学力測定テストで 3 年以上連続で基準点を下回った地区の「不合格」校に通う生徒に無料のアフタースクール授業を提供するとしています。これは、学力定着が難しく低所得家庭の子どもを対象とする点で特別な教育的ニーズに対応したサービスといえますが、Good. B. Annalee らの研究では、対象者のサービスに対する需要は低く、学力向上に与える効果は限定的と言えます（Good. B. Annalee, et al, 2014, p.1）。

　次に、障害のある子どもの利用状況について、プログラムの全利用児のうち、19% は特別なニーズや特定の障害のある子どもです（Afterschool Alliance, 2021）。利用内容は、サービスラーニング、コミュニティサービス、文化プログラム、アウトドア体験、食事、科学・技術・工学等の STEM 学習、学業支援、読書等が挙げられました（Afterschool Alliance, 2021, p.3）。障害のある子どもに特徴的な内容として、ライフスキル、責任ある意思決定、自己肯定感を育む活動等が見られました。他に、身体活動や仲間との交流、社会性を養う活動が高い評価を得ています。運営に関しては、「環境の安全性」「専門的な知識が豊富で思いやりのあるスタッフ」「利用可能時間帯の利便性」「プログラムの利便性」「ライフスキルを身に付ける機会となる」等が高く評価されていました（Afterschool Alliance, 2021, p.5）。プログラムの実施主体は、障害のある子どもでは、ボーイズ・アンド・ガールズ・クラブ、YMCA、宗教団体、チャイルドケアセンター等でした。利用時間は障害の有無による大きな差はなく、週平均 3.5 日、5.6 時間でした（Afterschool Alliance, 2021, p.6）。障害のある子どものプログラム利用時には、視覚的な環境設定による構造化、ポジティブな言葉かけ、行動上の問題に対応するポイント制度、個別支援補助員の加配等の合理的配慮がなされます。保

護者には合理的配慮を求める権利があり、必要に応じてプログラムに変更を加えることができます（Maryland Disability Low Center, 2012）。

　プログラム実施例として、ベイテラスセンター（Bay Terrace Center）によるプロジェクトチャイルドスクールホリデーやソーシャルスキルグループの実践があります（Common Point Qeens.1 n.d）。プロジェクトチャイルドスクールホリデーでは、自閉スペクトラム 症等の子どものための社会的、感情的、教育的プログラムを提供します（Common Point Qeens.2 n.d）。子どもとスタッフの人数比を 3 対 1 に保ち、自尊心、学問的スキル、社会的スキル、芸術、工芸品の製作、ヨガ、料理、科学、ジムによる体力づくり等が行われています。また、休暇の時期には、ホリデープログラムを実施します。ソーシャルスキルグループでは、認知行動療法（CBT）を含み、非言語コミュニケーション、社会的スキルの 獲得、問題解決力、コーピングスキル（対処スキル）等のトレーニングを行います。各グループは 5 〜 8 名で構成され、週 5 回、計 8 時間半の活動が行われています。保護者の 90% がプログラムの利点について、子どもの安全を守る点と回答しているように、プログラムは放課後の生活を豊かにするだけでなく、働く親を安心させる機能も果たしています（Afterschool Alliance, 2022, p.5）。

　アフタースクールプログラム選択の視点として、生活スキルを身に付ける（88%）、子どもが楽しめる（81%）、様々なアクティビティ（71%）、子どもが体を動かす機会（68%）が挙げられました。また、全保護者の 62% が通常の学校生活では提供されない学習活動を求めています（Afterschool Alliance, 2022, p.26）。費用について、特別な支援を必要とする子どもの親の 15 〜 38% が政府の支援を受けていますが、64% が「放課後プログラムを受ける費用を捻出するのは難しい」と答えました（Afterschool Alliance, 2022, p.5）。さらに、アフタースクールプログラムにアクセスできない子どももいます。参加を望むすべての子どもがプログラムに参加するためには、地域、州、連邦レベルでの行動が必要であると America After 3PM は考えています（Afterschool Alliance, 2022, p.30）。

　アメリカのアフタースクールの歴史は古く、学校を拠点として私的な団体によって、学齢児の放課後及び休日、夏休み等長期休暇中に福祉としてではなく、教育的な活動が行われてきました。「アメリカ児童アフタースクール法」が制定されたことにより、アフタースクールは法的な裏付けの下で展開されるようになりました。アメリカのアフタースクールのプログラム内容は学習支援からスポーツ、芸術、レクレーションと多岐にわたり、保護者の多くはプログラムに満足していますが、費用の高さやアクセスの課題を抱えています。

| 第 6 節 | まとめ |

　ノーマライゼーションからインクルージョンへの転換を見てきました。今日、国際的にみて、障害者問題もインクルージョンとして推進されています。しかし、日本の取り組みはようやく着手したばかりで、本格的な取り組みとはなっていません。依然として、障害者福祉施設は現存しており、インクルージョンの観点からの改善はあまり試みられていないようです。障害児の通所支援では、子どもの地域社会へのインクルージョンを進めるため、国において検討が進められているようですが、グローバルな観点や長期的な展望を描いての検討は十分にはなされていません。デンマーク、スウェーデン、アメリカの放課後活動に関して検討してきましたが、いずれの国も福祉としてではなく、教育活動としての位置付けになっています。放課後等デイサービスは、障害のある子どもにとっては他の国には見られない、きめの細かい丁寧な支援になっているという特徴があります。しかし、インクルージョンという観点からしますと、「後方支援」という方向性は示されていますが、基本的には分離型になっています。従って、長期的な展望としては、国際的な観点から放課後活動を捉えることや「後方支援」の試みの拡充発展を踏まえた実践現場からのインクルージョンへの試みが不可欠であると思われます。

【参考文献】

池田法子（2017）デンマークの教育・福祉領域における障害者支援の取り組み．京都大学生涯教育フィールド研究，vol.5（通巻第 16 号）．

池本美香編著（2009）子どもの放課後を考える―諸外国との比較でみる学童保育問題―．勁草書房．

石井智也・石川衣紀・田部絢子・池田敦子・髙橋智（2021）スウェーデンにおけるインクルーシブ教育と肢体不自由（移動障害）教育の動向．東海学院大学紀要，15．

牛木彩子・定行まり子（2020）障害児の放課後支援の変遷．日本女子大学大学院紀要，26 p，p.29-36，2020 年．

奥村義孝・伊藤知法（2006）スウェーデンにおける障害者政策の動向―高齢者ケア政策との異同を中心に―．海外社会保障研究，154．

小澤温（2018）放課後等デイサービスの現状と課題．小児保健研究，77（3），pp.227-229．

子ども家庭庁（2023）放課後児童対策に関する二省庁会議 令和5年7月28日こども家庭庁成育局．

厚生労働省（2015）障害児通所支援に関するガイドライン策定検討会報告書．

厚生労働省（2022）児童発達支援・放課後等デイサービスの現状等について．2022 年 12 月 14 日 第 6 回障害児通所支援に関する検討会参考資料．

猿渡智衛（2012）文部科学省による放課後子供教室事業のあり方に関する研究～「子どもの社会教育の中核」としての視点から～．弘前大学大学院地域社会研究科（後期博士課程）学位論文．

障害児通所支援の在り方に関する検討会（2021）障害児通所支援の在り方に関する検討報告書―すべての子どもの豊かな未来を目指して―．

障害児通所支援に関する検討会（2023）障害児通所支援に関する検討会報告書―すべてのこどもがともに育つ地域づくりに向けて―．

高橋智・石川衣紀・田部絢子・石井智・能田昴・内藤千尋・池田敦子・柴田真緒・田中裕己（2021）スウェーデンにおけるインクルーシブ教育と知的障害特別学校の役割．日本大学文理学部人文科学研究所 研究紀要，102．

戸田典樹（2019）地域生活支援における日本とデンマークの比較研究－デンマークの教　訓と課題を中心に－．福祉臨床学科紀要，16，23-35．

内閣府（2007）平成 19 年版少子化社会白書．第 2 部，第 3 章第 2 節放課後対策を充実する．

中野善達（1997）国際連合と障害者問題．筑波大学教育研究科カウンセリング専攻リハビリテーションコース．

能田昴・田部絢子・石井智也・内藤千尋・石川衣紀・池田敦子・髙橋智（2021）スウェーデンの知的障害特別学校と障害の重い子どもの教育－ストックホルム市のモッカシネン特別基礎学校の訪問調査から－．尚絅学院大学紀要，第 82 号．

バンク・ミケルセン（1997）花村春樹（訳）ノーマリゼーションの父．N・E バンク - ミケルセン，ミネルヴァ書房．

ベンクト・ニィリエ（2005）河東田博他訳，ノーマライゼーションの原理．第 2 刷，現代書館．

文部科学省（2004）地域子ども教室推進事業，安全管理マニュアル．

山田純子（2009）スウェーデンの障害者福祉サービス―利用者負担の視点から―．植草学園短期大学紀要，10 巻．

ラシク（n.d.）重心・医ケア児専門児童発達支援・放課後等デイサービス ラシク HP．Rashiku Day Service. https://rashiku-dayservice.com

Afterschool Alliance（2014）America After 3PM: Afterschool Programs in Demand.

Afterschool Alliance（2021）American After 3PM: Demand Grows, Opportunity Shrinks.

Afterschool Alliance（2022）Promoting Healthy Futures: Afterschool Provides the Supports Parents Want for Children' s Well-Being.

Allman Dan（2013）The Sociology of Social Inclusion SAGE Open.

Common Point Qeens 1（n.d）Programs for Children with Developmental Disabilities in Bayside.

Common Point Qeens 2（n.d）Project Child School Holiday Program.

Council of Europe（2003）Rehabilitation and integration of people with disabilities: policy and Legislation 7th edition.

Culham A, Nind M（2003）Deconstructing normalization: clearing the way for Inclusion Journal of Intellectual & Developmental Disability.

D.S.Department of Education（2009）After-School Programs in Public Elementary Schools.

Dyssegaard, C. B., and Egelund, N.（2019）Forty Years After Warnock: Special Needs Education and the Inclusion Process in Denmark. Conceptual and Practical Challenges Frontiers in Education 17.

Eurofound（2020）Out-of-school care: Provision and public policy.

European Commission（2010）Joint Report on Social Protection and Social Inclusion 2010. European Union.

GOOD.B. ANNALEE, BURCH. PATRICIA, STEWART. MARY S, . ACOSTA. RUDY, HEINRICH. CAROLYN（2014）Instruction Matters: Lessons From a Mixed Method Evaluation of Out-Of-School Time Tutoring Under No Child Left Behind Teachers College Record Vol, 116.

Kelley Marie（2019）After-School Martial Arts: A History, Perceptions of Academic Advantage, and Effects on Academic Performance.

Hayes Alan, Gray Matthew and Edwards Ben（2008）Social Inclusion: Origins, concepts and key themes.

Maryland Disability Law Center（2012）Together Beyond the School Day: Including Youth with Disabilities In Out of School Time Programs: A Guide for Parents, Youth and Program Providers.

Parsad, B and Lewis, L（2009）After School Programs in Public Elementary Schools.（NCES 2009-043）. National Center for Education Statistics, Institute of Education Sciences, U.S. Department of Education. Washington, DC.

Piha Sam, Daraio Stacey, Cruz Rozel（2019）HISTORY OF AFTERSCHOOL IN AMERICA Learning Guide.

Reiko S　https://pedagogiskamagasinet.blogspot.com

Seppanen, Patricia S, et al（1993）National Study of Before and After School Programs. Final Report. Office of Policy and Planning.

Skollag , 2010 年に制定されたスウェーデンの教育法 .

Skolverket Läroplan för grundskolan samt för förskoleklassen och fritidshemme.
　　　　Läroplan för grundskolan samt för förskoleklassen och fritidshemmet（Grundskolan）-Skolverket

Social Affairs（2007）Parents of disabled children Guide to help and support.

The Ministry of Social Affairs（2000）Early Childhood Education and Care Policy in Denmark.

United Nations（1996）Report of the World Summit for Social Development.

United Nations（2016）Leaving no one behind: the imperative of inclusive development Report on the World Social Situation 2016.

United Nations（2019）United Nations Disability Inclusion Strategy　https://www.un.org>desa>uploads >sites>2019/03.

United Nations（2020, 2022）Report of Secretary-General: Disability inclusion in the United Nations system.

William Roth（1976）THE POLITICS OF DAYCARE: THE COMPREHENSIVE CHILD DEVELOPMENT ACT OF 1971 University of Wisconsin Madison.

第2章

障害児の放課後活動の現状と課題

　学齢期の子どもに対する放課後等の支援策には、障害のある子どもを含むすべての児童を対象としている厚生労働省所管の「放課後児童クラブ（学童クラブ）」および文部科学省所管の「放課後子供教室」などがあります。障害のある子どものみを対象とするものには、児童福祉法に定める「放課後等デイサービス」のほか、放課後児童クラブなどを支援するための「保育所等訪問支援」が挙げられます。また、療育を目的としない預かりや生活支援を主体とする事業としては、障害者総合支援法に基づく「日中一時支援」などがあり、そのほかに各自治体が独自で事業化している障害児放課後支援制度などもあります（表 1 参照）。

第 1 節　放課後健全育成事業（放課後児童クラブ）の実態

　児童福祉法第 6 条の 3 第 2 項に基づく放課後健全育成事業（以下「放課後児童クラブ」）は、2007（平成 19）年に文部科学省施策の「放課後子供教室」と併せて「放課後子どもプラン」として、障害のある子どもの放課後や休日の活動の場としても展開されてきました（渡邉，2009）。このプランは 2014（平成 26）年に「放課後子ども総合プラン」、2019（令和元）年に「新・放課後子ども総合プラン」として策定され、こども家庭庁と文部科学省の二省庁における放課後児童対策として現在に至ります。こども家庭庁から出された「令和 5 年 放課後児童健全育成事業（放課後児童クラブ）の実施状況」によると、放課後児童クラブの設置・運営主体は、公立民営が 49.8％と最も多く、公立公営が 26.0％、社会福祉法人や NPO 法人といった民立民営が 24.2％を占めています。また設置場所は、学校の余裕教室が 27.3％、学校敷地内の専用施設が 24.5％と、全体の約 52％が地域の学校内に設置されています。表 2 に放課後児童クラブの状況を示しました。クラブ数の推移はほぼ横ばいであるのに対し、登録児童数は、令和 5 年度が 1,457,384

人（前年比 65,226 人の増加）と年々増加傾向にあり、障害児の数も 2023（令和 5）年度が 59,660 人（前年比 5,847 人の増加）と、同様に増加傾向にあります。

表 1　放課後活動の諸制度の比較

事業名	放課後児童クラブ	放課後等デイサービス	日中一時支援	放課後子供教室
管轄省庁	厚生労働省	厚生労働省	厚生労働省	文部科学省
法的位置づけ	児童福祉法第 6 条の 3 第 2 項「放課後児童健全育成事業」	児童福祉法第 6 条の 2 の 2 第 3 項	障害者総合支援法第 77 条「市町村地域生活支援事業」	放課後子どもプラン推進事業
目　的	放課後の時間帯において子どもに適切な遊びおよび生活の場を提供し、子どもの「遊び」および「生活」を支援することを通して、その子どもの健全な育成を図る	放課後または休業日に、生活能力の向上のために必要な訓練を行い、社会との交流を図ることができるよう、障害児の身体および精神の状況並びにそのおかれている環境に応じて適切かつ効果的な指導および訓練を行う	障害者等の日中における活動の場を確保し、障害者等の家族の就労支援および障害者等の日常的に介護している家族の一時的な休息を目的とする	安全・安心な子どもの居場所を設け、地域の方々の参画を得て、学習やスポーツ・文化活動、地域住民との交流活動などの取り組みを推進する
対　象	保護者が労働・疾病・介護などにより昼間家庭にいない小学校に就学している児童（特別支援学校の小学部の児童も含む）	学校教育法第 1 条に規定する学校（幼稚園および大学を除く）又は専修学校等に就学している障害児。満 20 歳に達するまで延長可能。	障害児を含む障害者	すべての子ども（主に小学生）
実施形態等	原則として年間 250 日以上開所（学校の授業の休業日、夏休み等の長期休暇、地域の実情等を考慮して開所）	特に制限なし	特に規定なし	特に規定なし（概ね年間を通じて実施）

（表は筆者で作成）

表 2　放課後児童クラブの状況

	令和 3 年	令和 4 年	令和 5 年
登録児童数	1,348,275 人	1,392,158 人	1,457,384 人
障害児の数	50,093 人	53,813 人	59,660 人
放課後児童クラブの数	26,925 か所	26,683 か所	25,807 か所
障害のある児童の受入クラブ数	15,564 か所	15,801 か所	15,841 か所

（厚生労働省「令和 4 年 放課後児童健全育成事業（放課後児童クラブ）の実施状況」、こども家庭庁「令和 5 年 放課後児童健全育成事業（放課後児童クラブ）の実施状況」掲載データより筆者作成）

　また表３に、受け入れている障害児の人数別にクラブ数を示しました。全体では受け入れが１人のクラブ数が最も多いものの、５人以上を受け入れているクラブ数が年々増加をしている傾向にあります。

表３　障害児受入数別のクラブ数の状況　　　　　　　　　　　　（か所）

受入数	令和３年	令和４年	令和５年	令和４年から５年の増減
1人	5,035	4,843	4,581	▲ 262
2人	3,436	3,340	3,170	▲ 170
3人	2,320	2,394	2,366	▲ 28
4人	1,522	1,633	1,562	▲ 71
5人以上	3,251	3,591	4,162	571
合　計	15,564	15,801	15,841	40

（厚生労働省「令和４年 放課後児童健全育成事業（放課後児童クラブ）の実施状況」、こども家庭庁「令和5年 放課後児童健全育成事業（放課後児童クラブ）の実施状況」掲載データより筆者作成）

　東京学芸大学特別支援研究会（2009）は、放課後児童クラブにおける障害のある子どもの受け入れについて各地の事例をまとめています。例えば、東京都品川区における「すまいるスクール」の取り組みでは、特別支援学級のある小中一貫校の施設を活用して特別支援学級の児童が入会しやすい状況を作ったり、当該児童の担任や養護教諭等と情報交換をしたりすることで、児童の成長が相乗的に発揮されるという成果を挙げています。その一方で、当該児童を支援するスタッフの人員の確保や負担感の大きさなどの課題も示されています（東京学芸大学特別支援研究会，2009，p.46-48）。また放課後児童クラブ全体の課題として、待機児童数の多さも挙げられ、2023（令和５）年度では合計16,276人の待機児童がいたことが報告されています（こども家庭庁，2023）。こうした待機児童の課題、および共働き家庭等の「小１の壁」といった課題を解消するとともに、全ての児童が放課後を安全・安心に過ごし、多様な体験・活動を行うことができるよう、こども家庭庁と文部科学省は2019（令和元）年に「新・放課後子ども総合プラン」を策定しました。さらに５年間にわたる取り組みを経て、「放課後児童対策の一層の強化を図るため、令和５〜６年度に予算・運用等の両面から集中的に取り組むべき対策」として、「放課後児童対策パッケージ」が公表されました。このパッケージ内における「多様な居場所づくりの推進」として、「放課後児童クラブと放課後子供教室の校内交流型・連携型の推進」や「コミュニティ・スクールの仕

組みを活用した放課後児童対策の推進」などと併せて、「特別な配慮を必要とする児童への対応」が挙げられています。具体的には、「障害のある児童については、2024（令和 6）年 4 月施行の改正児童福祉法において地域における障害児支援の中核的役割を担うことが明確化された児童発達支援センター等との連携強化を進める」と明記されています（こども家庭庁・文部科学省，2023）。今後、放課後児童クラブ等において、児童発達支援センター等の専門機関との連携を通した、児童のニーズに応じた支援が展開されることが予想されます。

第 2 節　放課後子供教室の実態

　放課後子供教室は、「地域住民の参画を得て、放課後等に全ての児童を対象として行う、学習や体験・交流といった多様な活動（文部科学省，2018）」と定義され、地域と学校が連携・協働し、地域全体で未来を担う子どもたちの成長を支えていく「地域学校協働活動」の一つとして位置付けられています。また、2014（平成 26）年に策定された「放課後子ども総合プラン」によって、厚生労働省の事業である「放課後児童クラブ」との連携が進められてきました。生活の場である放課後児童クラブと、学習・体験活動の場である放課後子供教室の両事業を同一の小学校内等で実施する一体型の取り組みは、2023（令和 5）年 5 月時点で5,652 か所（42.3％）に上っています（こども家庭庁，2023）。東京都教育庁による「東京の放課後子供教室」では、「放課後子供教室を東京都教育ビジョン（第 4 次）の計画事業に位置付け、区市町村での取組の促進を図る」とし、令和 4 年度には 57 区市町村 1,283 教室および都立特別支援学校 9 教室の 1,292 教室が実施されていることが報告されています（東京都教育庁，2022）。さらに、東京都教育委員会で発行している「とうきょうの地域教育 135 号」では、都内における放課後子供教室の実施状況や運営体制が示されています。実施状況について、年間 1 教室あたり平均 185 日の教室が開催され、1 教室あたり 1 日約 60 人の子どもたちが参加をしています。また運営を支える主なスタッフとして、地域コーディネーター、協働活動サポーター、協働活動支援員の三者が挙げられ、1 日平均約 5 人のスタッフが運営にあたっていることが示されています（東京都教育委員会，2019）。一方、放課後子供教室の課題として、「全児童対策事業に学童保育を解消させることは、子どもの施策として大変問題である」といった待機児童解消を目的とした一体化への懸念（黒田，2008）や、「場だけを用意し大人はその名称の

通り『安全管理』だけに気を配っている」といった居場所としての充実（請川，2010）が指摘されています。

　この放課後子供教室においても、障害のある子どもたちを対象とした様々な取り組みが行われています。例えば NPO 法人聴覚障害教育支援大塚クラブ（2009）は、2001（平成 13）年から東京都立大塚ろう学校を会場として、聴覚障害のある児童生徒を中心とした包括的な放課後休日活動である「大塚クラブ活動」を展開しています。特に土曜日のクラブ活動では、一般ボランティアに加えて、保護者や教職員などもスタッフとして協力をしながら、算数や漢字などの学習活動や絵画造形活動、スポーツ活動に取り組んでおり、東京都内や近県のろう学校の児童生徒が参加をしています。この取り組みを通して、多様な大学や特別支援学校、特別支援学級からボランティアや参加者が集まることにより、聴覚障害児にとってのコミュニケーションの量と質を提供できることが成果として挙げられています。またその反面、聴覚障害児を集めることにより居住地域との関わりが薄くなってしまう課題や、NPO 法人が運営することによる施設利用の課題、手話や障害教育などの専門性を持ち合わせたボランティアリーダー等の人材確保の苦慮なども挙げられています（特定非営利活動法人聴覚障害教育支援大塚クラブ，2009）。また東京都品川区の全児童放課後対策事業「すまいるスクール」では、「新・放課後子ども総合プラン」として「放課後児童クラブ」と「放課後子供教室」が一体的に運営されています（品川区子ども育成課，2022）。この中で、「教室」として茶道や囲碁、スポーツ、音楽など様々な活動が行われています。そして障害の有無に関わらず全ての子どもたちが活動に参加する中で交流が生まれるなど、地域におけるインクルーシブな放課後活動が展開されています。さらに年 2 回の巡回相談で、配慮が必要な児童の発達が促され充実した時間を過ごすためのコンサルテーションが行われたり、児童が在籍する特別支援学級の担任と日常的に連絡や相談ができる体制を整えたりと、児童がよりよく活動に参加できるための工夫も行っています（品川区子ども育成課，2024）。

| 第3節 | 放課後児童クラブ等における障害のある子どもの放課後活動の課題と展望 |

　宮地・中山（2020）は、全国人口5万人以上の自治体（市）529件に対して、郵送によるアンケート調査を行い、その内212件の自治体における障害のある子どもの放課後等の居場所づくり施策について、現状と課題を分析しました。この研究では、障害のある子どもの放課後の居場所として、「放課後児童クラブ」、「放課後子供教室」、「放課後等デイサービス」、「日中一時支援」、「児童館」、「その他の居場所」の6つを挙げ、事業の実施状況、利用人数、地域との交流、障害児の受け入れの配慮や課題について質問をしています。

　表4に障害児を受け入れることについての課題を示しました。

表4　障害児を受け入れることについての課題（上位3つまで選択）（n=212）

事業	課題あり	利用希望者が多く待機者がいる	職員や支援員が不足している	専門職員がいない	実施している施設設備が不十分である	運営費が十分に確保できない	その他	未回答
放課後児童クラブ	193 (91.0%)	32	163	128	103	18	5	11 (5.2%)
放課後子供教室	104 (49.1%)	0	59	79	36	17	11	83 (39.2%)
放課後等デイサービス	153 (72.0%)	52	80	58	37	13	40	26 (12.3%)
日中一時支援	123 (58.0%)	30	80	25	30	43	27	34 (16.0%)
児童館	99 (46.7%)	0	41	59	56	13	6	85 (40.1%)
その他の居場所	24 (11.3%)	2	9	11	8	5	0	184 (86.8%)

（宮地・中山（2020）p.245 の掲載データより筆者作成）

　放課後児童クラブでは91.0％、放課後子供教室では49.1％、放課後等デイサービスでは72.0％の自治体が「課題あり」と回答しました。その内訳を見ると放課後児童クラブでは「職員や支援員が不足している」が最も多く、次いで「専門職員がいない」、「実施している施設設備が不十分である」が多く見られました。ま

た放課後子供教室、児童館では「専門職員がいない」が最も多く、放課後等デイサービス、日中一時支援にでは「職員や支援員が不足している」が最も多く見られました。障害のある子どもを対象とした事業である放課後等デイサービスや日中一時支援では、職員や支援員といったマンパワーの不足が主たる課題である一方で、放課後児童クラブや放課後子供教室、児童館は、障害のある子どもに対応するための専門性の不足が共通する課題として挙げられています。

　また別の調査研究として、みずほリサーチ＆テクノロジーは、全国の市区町村 1,741 件に対して、放課後児童クラブの待機児童に関する質問紙およびヒアリングによる調査を行いました（みずほリサーチ＆テクノロジーズ株式会社 , 2023）。質問紙に回答をした 855 件中、現在、放課後児童クラブの利用対象外となっているものの、放課後児童クラブを必要とする声が聞かれる児童の特徴として、「特別な配慮を必要とする児童（障がい児）」が 47 件（5.5％）、「特別な配慮を必要とする児童（医療的ケア児）」が 22 件（2.6％）挙げられています。自由記述でも「障害児の受入れについて利用者等より要望がある。障害児を受入れしてあげたいが、障害児の受入れには支援員が多く必要となる。予算の確保と、人員が不足している」という予算や人材の課題が示されています。さらに自治体からは「特別な配慮が必要となる（相対的に程度が重い）障がいや持病を持っている児童が利用を希望してきた際に、現状のクラブの体制では受入れが困難であると判断せざるを得ないことがあり、結果待機児童となってしまう事例が増えてきている」など、放課後児童クラブにおいても障害のある子どもたちが待機せざるを得ない状況を指摘しています。また「そのような場合に、どのように受入れできるように進めていけば良いか、現場の職員が困りごとを相談できるような機関があると良い」など、障害のある子どもを対応する職員を支援することの必要性を述べています。

　こうした課題に対する展望として、田中（2017）は、放課後子供教室における障害のある児童の支援事例を通して、対象児童とサポーター、ボランティア、周囲の児童をつなぐ、コーディネーターの存在の重要性を指摘しています。また、こうしたサポーターやボランティアのスタッフが良い支援者になるために、障害に対する理解や知識を得るための研修機会を教育委員会が設けることの重要性も指摘しています。前述した「放課後児童対策パッケージ」でも述べられているような、児童発達支援センター等と放課後活動の場との連携強化は、こうした障害のある児童生徒が放課後を生き生きと過ごせる居場所づくりにつながると考えます。

第4節　放課後等デイサービス事業の現状と課題

1．放課後等デイサービス事業の現状

　放課後等デイサービスは、2012（平成24）年4月の改正児童福祉法により創設されました。創設のきっかけは、2008（平成20）年の厚生労働省の「障害児支援の見直しに関する検討会」での学齢期・青年期の支援策として障害児の放課後等における居場所の確保の重要性が指摘されたことによります。

児童福祉法（令和4年改正）
第6条の2の2　この法律で、障害児通所支援とは、児童発達支援、放課後等デイサービス、居宅訪問型児童発達支援及び保育所等訪問支援をいい、障害児通所支援事業とは、障害児通所支援を行う事業をいう。
（略）
③　この法律で、放課後等デイサービスとは、学校教育法（昭和22年法律第26号）第1条に規定する学校（幼稚園及び大学を除く。）又は専修学校等（同法第124条に規定する専修学校及び同法第134条第1項に規定する各種学校をいう。以下この項において同じ。）に就学している障害児（専修学校等に就学している障害児にあつては、その福祉の増進を図るため、授業の終了後又は休業日における支援の必要があると市町村長（特別区の区長を含む。以下同じ。）が認める者に限る。）につき、授業の終了後又は休業日に児童発達支援センターその他の内閣府令で定める施設に通わせ、生活能力の向上のために必要な支援、社会との交流の促進その他の便宜を供与することをいう。

（注）下線は、筆者が追記しています。放課後等デイサービスの対象が専修学校等に就学する障害児にも拡大されました。

　この放課後等デイサービス事業所は、近年、利用する障害のある子どもが急増し（図1参照）、障害のある子どもの放課後活動等をはじめ地域生活に大きな影響のある事業となっています。特に知的障害特別支援学校においては、放課後等デイサービスを利用する児童等が多くの割合を占め、下校便のスクールバスを利用する児童等は激減しています。それだけ多くの障害のある子どもや保護者から期待されている事業ですが、放課後等デイサービス事業所が急増する中（図2参照）、支援の質の低下が懸念されている現状もあります。

学校教育法第1条
　この法律で、学校とは、幼稚園、小学校、中学校、義務教育学校、高等学校、中等教育学校、特別支援学校、大学及び高等専門学校としています。

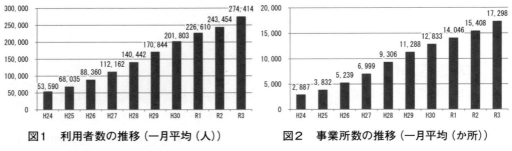

図1　利用者数の推移（一月平均（人））　　図2　事業所数の推移（一月平均（か所））

（厚生労働省（令和4年12月14日）第6回 障害児通所支援に関する検討会参考資料1より）

　しかしながら、放課後等デイサービスは、発足により障害のある子どもの放課後の生活の場の確保やその保護者の育児の負担軽減などの成果は大きなものがあります。江上・田村（2017）の放課後等デイサービス事業についての研究では、サービスが障害のある子どもやその家族にどのような役割を果たしているのかについてアンケート調査を実施しています。その調査では「お子さん自身の成長とその利点について」として、放課後等デイサービスが「子どもの社会経験を広げる」役割や、「多くの人との関わりが持てる機会」になっていること、「サービスを通して障害のあるお子さんについて理解し、支えてくれる人が増えた」と考える家族も多いことを明らかにしています（江上・田村, 2017, p.40）。江上・田村は、これらのアンケート結果を通して、サービスの利用は子ども自身の育ちのためだけでなく、家族全体の日常生活のゆとりへとつながっていることを述べています。また放課後等デイサービスには、障害のある子どもの社会体験や人間関係を広げる体験、社会全体が障害のある子どもへの理解を広げる役割が期待されていることも示唆されています。

2．放課後等デイサービス事業の課題

　障害児支援の内容については、各事業所における理念や目標に基づく独自性や創意工夫も尊重されるべきですが、その一方で、支援の一定の質を担保するための全国共通の枠組みが必要であるため、障害児への支援の基本的事項や職員の専門性の確保等を定めたガイドラインが求められていました。特に、2012（平成24）年度に創設した放課後等デイサービスについては、実施されている支援の内容が多種多様で、サービスの質の観点からも大きな開きがあり、支援内容の在り方の整理も踏まえつつ、早期のガイドラインの策定が望まれていました。厚生労働省は、そのような背景もあり 2015（平成27）年4月に「放課後等デイサービ

スガイドライン（以下、ガイドラインと記す。）」を策定し公表しました。そのガイドラインでは、放課後等デイサービスの基本的役割として①子どもの最善の利益の保障、②共生社会の実現に向けた後方支援、③保護者支援の３つをあげています。そして、その基本的役割を果たすための４つの基本活動を示しています（表5参照）。

表5　放課後等デイサービスガイドラインが示す放課後等デイサービスの基本的な役割と基本活動

基本的な役割	基本活動 ※基本活動を複数組み合わせて支援を行う
①子どもの最善の利益の保障 ②共生社会の実現に向けた後方支援 ③保護者支援	①自立支援と日常生活の充実のための活動 ②創作活動 ③地域交流の機会の提供 ④余暇の提供

　また、厚生労働省は、障害児通所支援事業所が平成 24 年度から約 10 年間で飛躍的に増加し、身近な地域で支援が受けられるようになった一方で、適切な運営や支援の質の確保等に課題があるとして、2021（令和 3）年 10 月 20 日に障害者通所支援の在り方に関する検討会報告書を公表しています。報告書では、検討に向けた基本的な考え方として、ガイドラインが示す基本理念のもと、放課後等デイサービスの法制度や指定基準・報酬体系の見直しなど、次期報酬改定に向けて検討すべき事項が示されています。さらに、こども家庭庁の障害児通所支援に関する検討会報告書（2023）では、①こどもの権利を社会全体で守る、②こどもと家族のウェルビーイングの向上、③インクルージョンの推進を基本理念として、今後の障害児通所支援の基本的な考え方を示しています。その報告書では、ガイドラインが示す４つの基本活動に対して、児童発達支援の５領域（「健康・生活」、「運動・感覚」、「認知・行動」、「言語・コミュニケーション」、「人間関係・社会性」）と同様の視点による総合的な支援が重要としてガイドラインの改訂の必要性が示されています。これらの報告書の内容を踏まえますと、これからの放課後等デイサービスは、「総合支援型」と「特定プログラム特化型」の２類型に分かれていくことが想定されます。いずれにしても、支援の質の確保等の事業所運営が求められます。

　障害児通所支援に関する検討会報告書（2023）では、「児童発達支援センターにおいては、ガイドラインに定める４つの役割（本人支援・移行支援・家族支援・地域支援（地域連携））と、本人への５領域（「健康・生活」、「運動・感覚」、「認知・行動」、「言語・コミュニケーション」、「人間関係・社会性」）を全て含めた、総合的な支援を提供するとともに、あわせて、こどもの状態に合わせた特定の領域に対する重点的な支援を提供することを基本とすべきである。」（p.4）としています。

（1）子どもの人権としての最善の利益の保障

　放課後等デイサービスでは、学校や家庭とは異なる場であり、子どもが安心・安全で、その子どもらしく過ごせる場としての居場所を提供していく必要があります。しかしながら、近年、放課後等デイサービスにおける不適切な対応や虐待等の新聞報道を目にすることが多くなりました。介護等の福祉職員の人材確保が困難な状況が障害児者施設全般における課題であるなか、放課後等デイサービスの職員においても専門性のある職員の確保が大きな課題となっています。筆者らが東京都区内にあるすべての放課後等デイサービス事業所 523 か所を対象にした調査（2020）では、回答を得た事業所 65 か所のなか有資格の職員は 69.6％であり、約 7 割にとどまっていました。放課後等デイサービス事業所には、子どもが安全・安心に暮らし、健やかな成長・発達を促していく支援を実現していく職員の確保や子どもの最善の利益の保障につながる支援に向けての研修の一層の充実が求められます。

　障害児通所支援に関する検討会報告書（2023）では、障害児通所支援の基本理念として「こどもと家族のウェルビーイングの向上」が示されています。放課後等デイサービスは、その基本理念から考えますと、保護者をはじめ家族の支援において大きな成果を得ています。一方、第 5 章の「3. 特別支援学級・特別支援学校教員へのインタビューによる子供の放課後活動の実態」にあるように、保護者や家庭の状況により学校外での時間の多くを放課後等デイサービス事業所で過ごす児童や、1 週間のうちに複数の放課後等デイサービス事業所を併用する中で疲労している子どもがいるなど、子ども中心の利用とは言えない状況も見受けられます。さまざまなプログラムがあり、特色をうちだす放課後等デイサービス事業所があるなか、子どもの最善の利益を考えた利用の仕方を検討していく必要があるように思えます。

（2）子どもの発達段階に応じたよりきめ細かな支援内容の充実

　放課後等デイサービスを利用する子ども達は、小学生から高校生までの学童期・思春期の幅広い年齢層や発達の状態、さまざまな関心をもつ子ども達です。障害者通所支援の在り方に関する検討会報告書では、支援の目的や支援内容については、小学生（低学年）・小学生（高学年）・中学生・高校生の 4 段階に分けて検討していくことが適当であるとしています。また、木村（2022）は、通所児のニーズは見えづらく、調査もほとんど行われていないことを指摘しつつ、通所児の年齢が 6 歳から 18 歳であり、思春期特有の問題やアイデンティティ獲得に悩む時期でもあることから、年齢に応じた取り組みの必要性に言及しています。そのよ

うなことからも障害特性に応じた支援や将来の自立と社会参加を目指した専門性の高い有効な発達支援となるよう様々な観点からのアセスメントの実施や個別支援計画に基づく支援の充実等が求められます。さらに、子どもに必要な支援を行う上では、学校との役割分担や連携が重要であることから個別支援計画と個別の教育支援計画等と連携させる等の学校の指導等を把握しながら子ども一人一人に応じた一貫した支援を提供していく必要があります。

（3）インクルージョンの推進に向けた取り組み

　障害者通所支援に関する検討会報告書（2023）では、「2. 基本的な考え方」の「（3）地域社会への参加・包摂（インクルージョン）の推進」として、「障害の有無にかかわらず、こども達が様々な遊びなどの機会を通じて共に過ごし、学び合い、成長していくことが重要である。」としています。さらに、「2. 基本的な考え方」では、「障害児通所支援に携わる全ての事業所には、障害児支援だけでなく、こども施策全体の中で連続性を意識し、こどもの育ちと個別のニーズを共に保障した上で、インクルージョン推進の観点を常に念頭におきながら、こどもや家族の支援にあたっていくことが求められる。（検討会報告書, 2023, p.3）」としています。その取り組みの一つとして、「学童期のインクルージョンを推進していくうえでは、放課後等デイサービスと放課後児童クラブ等との交流を通して、ユニバーサルな環境づくりを促進していくことも重要である。」としています。先述した筆者らの放課後等デイサービスのアンケート調査（2020）では、放課後児童クラブや放課後子供教室等を並行利用している児童生徒の割合は低い現状にありました（図3参照）。そのようなこともあるのか事業所においても子どもの地域社会への参加・包摂（インクルージョン）を進めるための取り組みの必要性や課題について消極的な姿勢の事業所が多い現状が調査から見られました。これらの事業所の

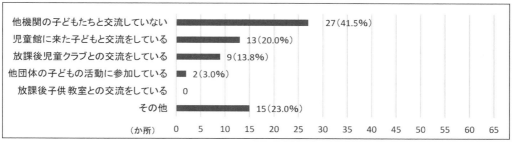

図3　他機関の子どもたちとの交流の実施について（複数回答）（n:65）

（注）中西郁・大井靖・日高浩一・岩井雄一・丹羽登・濱田豊彦・半澤嘉博・渡邉流理也・渡邉健治（2020）インクルーシブな放課後デイサービスの在り方に関する研究〜東京都区内の放課後等デイサービスによる検討〜. 十文字学園女子大学研究紀要第51集, 13-28. より転載

傾向は、利用者数等に基づく報酬による事業所経営を基本とする障害児者施設全般に言えることと思います。

　放課後等デイサービスを利用する障害のある子どもの放課後の地域生活は、放課後等デイサービスを利用する障害のある子ども同士の限られた場や生活になってしまう可能性があり、目指すべきインクルーシブな地域生活から遠のいてしまう恐れがあります。今後、特別支援教育関係者をはじめ、地域福祉等の関係者等は、放課後活動においてもインクルーシブな障害児支援となる取り組みを目指し、放課後等デイサービス事業所がガイドラインに示されるインクルーシブな視点からの事業を段階的に充実できるよう支援していく必要があります。

【参考文献】

石井由依・相澤雅文（2018）放課後デイサービスの現状と課題 特別支援学校の保護者への調査から，特別支援教育臨床実践センター年報，8，79-88.

請川滋大（2010）子どもの居場所としての「放課後子ども教室」：その現状と課題．日本女子大学紀要，57，家政学部，23-33.

江上瑞穂・田村光子（2017）放課後等デイサービス利用者のニーズについての検討−アンケート調査の結果と考察から−．植草学園短期大学研究紀要第 18 号，37-45.

岸良至（2015）第Ⅳ部 放課後等デイサービス．新版 障害児通所ハンドブック，全国児童発達支援協議会，エンパワメント研究所，115-162.

木村友香（2023）放課後等デイサービス．日本発達障害連盟，発達障害白書 2023 年版，明石書店，62-63.

黒田治夫（2008）学童保育の現状と課題−「放課後子どもプラン」に関わって．創発（大阪健康福祉短期大学紀要），7，155-163.

厚生労働省社会・援護局（2015）放課後等デイサービスガイドライン．

厚生労働省（2022）第 6 回障害児通所支援に関する検討会参考資料1.

厚生労働省子ども家庭局（2022）令和 4 年（2022 年）放課後児童健全育成事業（放課後児童クラブ）の実施状況（令和 4 年（2022 年）5 月 1 日現在）.

こども家庭庁・文部科学省（2023）「放課後児童対策パッケージ」について（通知）.

こども家庭庁（2023）障害児通所支援に関する検討会報告書．

こども家庭庁（2023）令和 5 年放課後児童健全育成事業（放課後児童クラブ）の実施状況．
https://www.cfa.go.jp/assets/contents/node/basic_page/field_ref_resources/69799c33-85cb-44f6-8c70-08ed3a292ab5/dcb39315/20230401_policies_kosodateshien_houkago-jidou_30.pdf

品川区子ども育成課（2022）すまいるスクールについて．
https://www.city.shinagawa.tokyo.jp/PC/kodomo/kodomo-smileschool/aboutsmile/index.html（更新日：令和 4 年 9 月 1 日）.

品川区子ども育成課（2024）すまいるスクールの第三者評価について．
https://www.city.shinagawa.tokyo.jp/PC/kodomo/kodomo-smileschool/smileschool-daisannsyahyouka/index.html（更新日：令和 6 年 3 月 31 日）.

障害児通所支援の在り方に関する検討会（2021）障害者通所支援の在り方に関する検討会報告書−すべての子どもの豊かな未来を目指して．厚生労働省社会・援護局障害保健福祉部，20-21.

田中礼子（2017）放課後子ども教室における特別支援教育の在り方について：子ども・地域住民・教師との関わりを通して．静岡大学大学院教育学研究科教育実践高度化専攻教育実践高度化専攻成果報告書抄録集，7，109-114.

東京学芸大学特別支援研究会（2009）品川区スマイルスクール．東京学芸大学特別支援教育研究会（編）渡邉健治（監）広げよう放課後・休日活動 障害児が参加する放課後子どもプラン「放課後子ども教室」と「放課後子どもクラブ」の連携，ジアース教育新社，46-48.

東京都教育委員会（2019）都内における放課後の居場所事業の取組．とうきょうの地域教育，135，4-5.

東京都教育庁（2022）東京の放課後子供教室．
https://www.syougai.metro.tokyo.lg.jp/sesaku/houkago/HTML/ho_kyousitu_R05.pdf

特定非営利活動法人聴覚障害教育支援大塚クラブ（2009）文部科学省　総合的な放課後対策推進のための調査研究　特別支援学校における聴覚障害児等のための放課後休日活動モデル事業報告書．
　　https://manabi-mirai.mext.go.jp/document/21-2-8-1.pdf
中西　郁・大井靖・日高浩一・岩井雄一・丹羽登・濱田豊彦・半澤嘉博・渡邉流理也・渡邉健治（2020）インクルーシブな放課後デイサービスの在り方に関する研究〜東京都区内の放課後等デイサービスによる検討〜．十文字学園女子大学研究紀要，第 51 集，13-28.
林原洋二郎（2023）放課後等デイサービスについてもっと知ってほしい．月刊実践みんなの特別支援教育，9 月号，株式会社 Gakken, 28-31.
半澤嘉博（2020）東京都における学校と放課後等デイサービスとの連携の改善による障害のある児童生徒への支援の充実．東京家政大学研究紀要，第 60 集（2），29-37.
ＰｗＣコンサルティング合同会社（2021）令和 2 年度障害者総合福祉推進事業　障害者支援のあり方に関する調査研究−放課後等デイサービスの在り方−事業報告書．厚生労働省．
丸山啓史（2009）特別支援学校に通う障害のある子どもの放課後・休日支援の現状と課題：京都府における保護者対象質問紙調査より．京都教育大学紀要，京都教育大学,149-161.
丸山啓史（2014）障害児の放課後活動の現況と変容─放課後等デイサービス事業所を対象とする質問紙調査から．SNE ジャーナル, 20 巻，日本特別ニーズ教育学会，165-177.
丸山啓史（2018）障害者福祉と学校教育の連携　放課後等デイサービスに焦点を当てて.社会保障研究, 2 巻，4 号，国立社会保障・人口問題研究所，512-524.
みずほリサーチ＆テクノロジーズ株式会社（2023）放課後児童クラブの待機児童対策に関する調査研究報告書．令和 4 年度子ども・子育て支援推進調査研究事業，事業報告書．
　　https://www.mizuho-rt.co.jp/case/research/pdf/r04kosodate2022_03.pdf
宮地由紀子・中山徹（2020）障がい児の放課後等の居場所づくり施策の現状と課題.日本家政学会誌, 71（4），240-248.
村山洋平（2015）放課後等デイサービス事業所と学校との連携の実態に関する調査研究.上越教育大学特別支援教育コース，平成 27 年度修士論文
文部科学省（2018）放課後子供教室の取組・現状・課題について．
　　https://www8.cao.go.jp/kisei-kaikaku/suishin/meeting/wg/hoiku/20181102/181102hoikukoyo01.pdf
渡邉健治（2009）はじめに.東京学芸大学特別支援教育研究会（編）渡邉健治（監）広げよう放課後・休日活動　障害児が参加する放課後子どもプラン「放課後子ども教室」と「放課後子どもクラブ」の連携，ジアース教育新社，8-9.

第3章

事業者による放課後等デイサービスの展望

第1節　ガイドラインに示されている放課後等デイサービスの基本と現状

1．ガイドラインに示されている放課後等デイサービスの基本

　本書第2章37ページにおいて述べたように放課後等デイサービスは、2012（平成24）年4月から開始された福祉サービスです。開始当初は利用する子どもや保護者のニーズは様々で、提供される支援の内容は多種多様であり、支援の質も差があったことからガイドラインの策定が必要とされ、2015（平成27）年に放課後等デイサービスガイドラインが策定されました。

　ガイドラインでは、放課後等デイサービスの基本的な役割として、○子どもの最善の利益の保障、○共生社会の実現に向けた後方支援、○保護者支援、について示されています。この記述の中で共生社会の実現に向けた後方支援に関しては、子どもの地域社会への参加・包容（インクルージョン）を進めるため、他の子どもも含めた集団の中での育ちをできるだけ保障するという視点と共に放課後児童クラブや児童館等の一般的な子育て支援施策を専門的な知識・経験に基づきバックアップすることが示されています。

　次にサービスの提供に当たっての基本的な姿勢と基本活動として、○自立支援と日常生活の充実のための活動、○創作活動、○地域交流の機会の提供、○余暇の提供が示されています。さらに、事業所の組織運営管理について、○適切な支援の提供と支援の質の向上、○説明責任の履行と、透明性の高い事業運営、○様々なリスクへの備えと法令遵守が示されています。

2．先行研究にみられる放課後等デイサービスの現状

　2020（令和2）年3月に厚生労働省令和元年度障害者総合福祉推進事業においてみずほ情報総研株式会社が行った「放課後等デイサービスの実態把握及び質に関する調査研究」が、幅広く現状について調査しているので参考としたいと思います。

1）事業所について

○事業所の設置主体は、営利法人（50.6%）と最も多く、次いで NPO（17.0%）、社会福祉法人（16.8%）でした。設立年度で見ると 2014 年以降では営利法人が（59.6%）でした。

○定員数については、10 人（84.5%）が最も多く、設立年度別にみると、年度が直近になると定員数が多い事業所の割合が小さくなる傾向がみられました。

2）提供している支援内容について

○令和元年 6 月の 1 か月間における、放課後等デイサービスの提供日数についてみると、平均が 23.22 日で、運営主体別にみると、最も少なかったのは自治体（平均 19.14 日）で、最も多かったのは営利法人（平均 24.10 日）でした。

○支援内容についてみると、基本的な日常生活動作（ADL）の自立の支援では「個別活動と集団活動を組み合わせ提供」（50.6%）が最多でした。社会性やコミュニケーションスキルの獲得・向上の支援についてみると「個別活動と集団活動を組み合わせ提供」（53.4%）が最も多かったです。文化芸術活動、外出・野外活動等においては「集団活動のみを提供」（38.2%，56.0%）一方、言語療法、作業療法等の有資格者による訓練については「提供していない」（73.7%）が最も多くなっています。

○保護者への支援内容にとして事業所が最も多く提供している支援内容は、「個別での相談の実施」（62.5%）、次いで「講演会・学習会・研修等の開催」（26.0%）でした。

○ニーズの把握方法としては、「日頃の活動の場で利用者・保護者に積極的に声をかけニーズを把握・確認している」（82.2%）が最も多く、次いで「個別面談等の場を定期的に設けている」（68・9%）が多くなっています。

3）関係機関との連携について

○連携している関係機関は、「小学校」（76.0%）が最も多く、次いで「特別支援学校」（75%）でした。設置主体が医療法人の場合は、医療機関との連携が多い傾向がみられました。

4）まとめ

○個別支援計画の把握のあり方等に関する状況・課題があげらます。これは国・自治体における今後の検討課題です。

○関係機関連携加算の算定が少ないこと（国による検討が必要）、子ども・子育て会議に障害児福祉専門家の参画が多くはみられないこと（自治体による検討が必要）、事業所が地域自立支援協議会や子ども・子育て会議等への参加が少なく、子どもの「地域での」生活や成長を見越した支援が多くは見られないこと（事業所による検討が必要）が、今回調査から示唆されました。

○不登校や虐待疑いなどの子どもも決して少なくないことや、保護者のコミュニケーション上の困難さのため、支援方針や思いの共有が難しいケースのあることが調査から明らかになりました。保護者支援にはさらなる多様性、専門性が要求されるようになっている点を国も自治体も認識し、人材配置の基準や研修体系を再考する必要があると考えられます。

　障害児通所支援の在り方に関する検討会（第 3 回（R3.7.15）資料 6）によれば、障害児の発達支援として必ずしも相応しくないと考えられる事業運営・支援内容の具体例（令和 3 年 6 月自治体アンケート結果・放課後等デイサービス）として、次の事例が示されています。

1）支援内容が安全な預かりに偏っており、発達支援が適切に行われていないと見られるもの
2）学校の宿題をみる等、支援内容が学習塾的な支援に偏っていると見られるもの
3）（学習塾以外の）一般的な習い事とほとんど変わらない支援を行っていると見られるもの

　このことにより、実際にこのような支援内容の事業者が少なからず存在することがわかります。さらに、森地・大村・小澤は、先行研究から事業所の急増から支援の質の低下が懸念されていること、障害特性の理解が十分ではないこと、事業目的に沿わない活動の展開、支援における専門性の不足、十分な知識・技能・経験を持った職員の不足などの現状があることを指摘しています（森地・大村・小澤, 2019）。

第2節　放課後等デイサービスに求める保護者のニーズ

　放課後等デイサービスに求める保護者のニーズは、子どもの障害や障害の程度、通学している学校や家庭の状況などにより様々なものがあります。障害児通所支援の在り方に関する検討会報告書（2021（令和3）年10月20日）によると「保護者がサービス利用に際し重視している事項としては、子どもの情緒や感性の発達を促進することでその割合は77.9％である。一方、長時間預かってくれることの回答割合は20.9％であった。」とされていました。また、江上・田村は、「放課後等デイサービスにおいてはサービスの内容が重要であること、しかし、子ども自身の育ちのためだけでなく、家族全体の日常生活へのゆとりへとつながっている。また、放課後等デイサービスは障害のある子どもの社会経験や人間関係を広げる体験、社会全体が障害のある子どもへの理解を広げる役割が期待されている。」と述べています（江上・田村, 2017, p.1）。このような報告内容は、放課後等デイサービスに対する保護者のニーズは多様であるものの子どもの発達を第一に願うものであり、長時間の預かりに期待するものは少ないことがわかります。

第3節　放課後等デイサービスにおける活動の在り方

　次に放課後等デイサービスにおける活動内容について考えてみたいと思います。2012（平成24）年に始まった放課後等デイサービスは、当初の利用者数が53,590人でしたが、子どもや保護者の大きなニーズを背景に、2020（令和3）年には274,414人と5倍以上に増加しています。また、事業所数は、2,887か所から17,298か所へと約6倍に増加しています（本書第2章38ページ図1、図2参照）。このような状況を受け、障害児通所支援に関する検討会報告書（2023（令和5）年3月）に示された放課後等デイサービスの課題と今後の在り方は（以下は児童発達支援についての記載でありますが、放課後等デイサービスについても同旨の記載）以下の通りです。

- ・児童発達支援の主な対象が、乳幼児期という生涯にわたる人間形成にとって極めて重要な時期であることからも、全てのこどもに総合的な支援が提供されることが必要であり、全ての児童発達支援においてこれを提供することを基本とすべきである。事業所のアセスメントや支援が総合的な支援を基本とした内容となるよう、5領域とのつながりを明確化できる個別支援計画のフォーマットをガイドラインにおいて示すことなどを検討する必要がある。
- ・乳幼児期においては包括的にこどもの発達をみていく観点が重要であるが、一方でこどもの状態に合わせて柔軟に必要な支援を提供することも重要であり、総合的な支援の提供を行いつつ、その上でこどもの状態に合わせた特定の領域に対する専門的な支援（理学療法、作業療法、言語療法等）を重点的に行うという支援の在り方が考えられる。
- ・特定の領域に対する重点的な支援については、こどものアセスメントを踏まえて、相談支援事業所による障害児支援利用計画や児童発達支援事業所の個別支援計画に位置付けて実施するなど、その必要性を丁寧に判断し計画的に実施されるようにすることが必要である。また、医療機関あるいは主治医と連携して取り組むことも重要である。
- ・ピアノや絵画等（中略）のみを提供する支援は、公費により負担する児童発達支援として相応しくないと考えられる。児童発達支援においては、総合的な支援を提供することを前提としていることから、ピアノや絵画等の支援の提供にあたっては、事業所の活動プログラムや個人に対するアセスメント、個別支援計画において、5領域とのつながりを明確化した支援内容とした上で提供することが必要である。

2023（令和5）年3月障害児通所支援に関する検討会報告書（10～11ページ）より抜粋

第 4 節　事業者による放課後等デイサービス事業の在り方

　これまで述べてきた放課後等デイサービスの現状や課題に対応して今後の放課後等デイサービスの在り方について考えてみたいと思います。

1．子どもの最善の利益につながる活動プログラム

　放課後等デイサービスにおいて、適切なアセスメントの実施と子どもの特性を踏まえた支援を確保する観点から、支援において、5 領域（「健康・生活」「運動・感覚」「認知・行動」「言語・コミュニケーション」「人間関係・社会性」）を全て含めた総合的な支援を提供することが重要です。これらの 5 領域の具体的な活動内容は特に示されてはいないので、活動プログラムの計画に際しては、以下の保育所保育指針や幼稚園教育要領も参考に活動内容を計画していくことが重要です。また、特別支援学校学習指導要領の自立活動に関する内容も参考になると思われます。

　幼稚園教育要領第 2 章ねらい及び内容をみると、幼児の発達の側面から、心身の健康に関する領域「健康」、人との関わりに関する領域「人間関係」、身近な環境との関わりに関する領域「環境」、言葉の獲得に関する領域「言葉」及び感性と表現に関する領域「表現」としてまとめ、示しています。保育所保育指針においても幼稚園教育要領と同様に活動内容は、健康、人間関係、環境、言葉、表現の領域に分けて示されています。これらを参考に放課後等デイサービスにおいても活動プログラムを計画し、総合的な子どもたちの発達を促すことが重要になります。

　また、障害に着目し、障害の軽減や克服を図るための取り組みは、特別支援学校学習指導要領及び特別支援学校学習指導要領解説（自立活動編）を参考に自立活動の内容を一人一人に応じて考えることがよいでしょう。

2．放課後等デイサービスの事業者と放課後児童クラブ等の事業者について

　放課後児童クラブや放課後子供教室の運営については、地方自治体による設立及び運営、いわゆる公立公営という形態が多く、社会福祉協議会や法人・保護者会などの運営による公立民営形態があります。令和 5 年 5 月 1 日子ども家庭庁の調査（「令和 5 年 放課後児童健全育成事業（放課後児童クラブ）の実施状況（令和 5 年 5 月 1 日現在）」6 頁）によるとこれらの割合は、公立公営が全体の約 26.0％、公立民営のクラブが約 49.8％、民立民営が約 24.2％となっています。また、民立や民営の事業者は、社会福祉法人、NPO 法人、運営委員会・保護者会、

株式会社等となっています。

　これに比べて放課後等デイサービスでは、営利法人の事業への参入が多く2020（令和３）年の中西らの報告によると営利法人（企業）が46.0％、特定非営利活動法人が29.0％、社会福祉法人が11.0％、社会福祉協議会が2.0％、その他12.0％となっています。営利法人（企業）による運営が半数近くを占めているという報告（中西他, 2020, p.18）があります。また、令和２年みずほ情報総研株式会社が厚生労働省の推進事業を受けて実施した（「放課後等デイサービスの実態把握及び質に関する調査研究報告書」53頁）によると事業所数は、全体で4,740件であり、事業所の設置主体についてみると「営利法人」（50.6％）が最も多く、次いで「NPO」（17.0％）、「社会福祉法人」（16.8％）でした。また、設立年度別にみると、2011（平成23）年以前では「社会福祉法人」が33.0％、2014（平成26）年以降では「営利法人」が59.6と比較的多い傾向が示されています。

　これは放課後等デイサービスの運営が放課後児童クラブと比べて利益を得ることができるという理由によるものと考えることができます。放課後等デイサービスガイドラインの策定や検討会における質の向上を図ることの必要性が示されている一方、保護者の長時間預かってほしいという要望にも応えつつ、支援内容の適正化と質の向上が求められています。そして、支援及び活動内容の質の向上を図るためには、専門性の高い人材を確保し、事業を展開する必要があります。今後支援員に対しては、資格や経験にもとづく専門性がますます求められるようになっていくと思われます。

３．障害福祉サービスの向上と保護者支援

　障害児通所支援に関する検討会報告書、2023（令和５）年３月によれば、アセスメントにもとづく個別の支援計画を作成し、一人一人の障害に対応した５領域をすべて含めた総合的な支援を行うことが求められます。そのため、事業所の各活動や行事等のプログラムを定め、これらを公表することが大切です。また、児童指導員などの専門職員を配置し、子どもの支援だけでなく保護者の相談にも対応することが求められます。放課後等デイサービスの事業所での過ごし方だけでなく、家庭や学校、地域での過ごし方についても相談に乗り、助言します。したがって、学校や地域関係機関との連携も欠かせません。

　児童発達支援についても同時に事業として行うことにより、早期からの相談支援を進めることが可能になります。児童発達支援センターとの連携により、保育所や幼稚園等に通所している障害児への巡回等による支援も地域の障害児支援のネットワークを作るという意味で重要な取り組みです。

　保護者の社会参加が進み、児童発達支援や放課後等デイサービス等に対する預かりニーズが高まっています。個別のニーズに応じた延長支援について取り組むことが求められます。延長支援を担当する職員配置が必要ですが、加算や要件緩和が検討されている中、進めていくことが大切です。

　学校から放課後等デイサービスまで、放課後等デイサービスから家庭までの送迎を行うことにより保護者や子どもの負担は軽減されます。しかし、学校で自主通学をしている子どもなど通所可能な子どもにとっては自分の力で通所することによる社会経験や地域との関わりなどを通して大切なことが学べると考えます。送迎があるからと安易に送迎車を利用するだけでなく、個別の支援計画に基づき必要な支援の在り方を検討することが重要です。そして、送迎を利用する場合も乗車時間をできるだけ短いコース設定がよいでしょう。これらの条件を考えると多くの放課後等デイサービスが10名の定員で実施しているのはその運営のしやすさにあるものと考えます。

４．インクルージョンの推進について

　障害児通所支援に関する検討会報告書（2023（令和５）年３月）には、インクルージョンに対する基本的な考え方として、「インクルージョンを推進していく上では、子どもや保護者の希望を踏まえながら、保育所や放課後児童クラブ等との併行通園や移行を推進していくことが重要となる。」と述べられています。そして、障害児支援の専門的知識・経験を生かし一般の子育て支援施策をしている事業所をバックアップする後方支援と位置付けています。このように障害児通所支援に携わる全ての事業所には、障害児支援だけでなく、子ども施策全体の中での連続性を意識し、インクルージョン推進の観点から子どもや家族の支援にあたっていくことが求められます。

　放課後等デイサービス事業所の子どもの活動プログラムや行事計画等の策定においては、地域における子ども関係の資源の活用を図り、できるだけ多くの子どもや地域の人たちとの交流を図ることが大切です。地域のお祭りやコミュニティには積極的に関わりを持つことが共生社会の実現に近づいていくことになります。

　また、個別の支援計画の作成において併行通園や保育所、放課後学童クラブなどの活用や移行などによるインクルージョン推進への取り組みを進めることも大切です。

第 5 節　まとめ

　2012（平成 24）年に開始された放課後等デイサービスは、その後約 12 年を経て事業所数、利用者数ともに飛躍的に増加しました。その間多様なニーズや様々な事業者の参入、地域による事業所数の偏りなどの問題や人材の確保と支援の質の向上等の課題が指摘されました。これらを踏まえて 2024（令和 6）年度からの報酬改定に向けて各種の検討会が検討結果の取りまとめを報告してきました。報告の中には、支援の目的（障害児の発達支援か保護者の就労保障か）を明確にすることや学習塾やスポーツクラブタイプの事業所は、本来であればインクルーシブに地域で対応することに公平性があるのではないかなどの指摘もありました。また、本章でこれまで述べてきた放課後等デイサービスの在り方に加え、加算や減算などの報酬の制度、地域のニーズや地域資源等について確認し、子どもや家庭の支援を中心に据え、地域の障害理解を進め、インクルーシブ（共生）な社会の実現を図る取り組みを進めることが重要であると考えます。

　これらの取り組み事例は本書第 2 部に掲載しておりますので参考にしてください。

【引用・参考文献】
江上瑞穂・田村光子（2017）放課後等デイサービス利用者のニーズについての検討 - アンケート調査の結果と考察から−. 植草学園短期大学研究紀要第 ,18 号, 37-45.
こども家庭庁（2023）放課後児童健全育成事業（放課後児童クラブ）の実施状況（令和 5 年 5 月 1 日現在）.
厚生労働省（2017）保育所保育指針（平成 29 年 3 月 31 日）.
障害児通所支援に関するガイドライン策定検討会報告（2015）放課後等デイサービスガイドライン（平成 27 年 4 月 1 日）.
障害児通所支援に関する検討会（2023）障害児通所支援に関する検討会報告書―すべてのこどもがともに育つ地域づくりに向けて―（令和 5 年 3 月）.
障害児通所支援の在り方に関する検討会（2021）障害児通所支援の在り方に関する検討会報告書―すべての子どもの豊かな未来を目指して―（令和 3 年 10 月 20 日）.
中西郁・大井靖・日髙浩一・岩井雄一・丹羽登・濱田豊彦・半澤嘉博・渡邉流理也・渡邉健治（2020）インクルーシブな放課後等デイサービスの在り方に関する研究. 十文字学園女子大学紀要 , 第 51 集 , 13-28.
みずほ情報総研株式会社（厚生労働省令和元年度障害者総合福祉推進事業）（2020）放課後等デイサービスの実態把握及び質に関する調査研究（令和 2 年 3 月）.
森地徹・大村美保・小澤温（2019）放課後等デイサービスにおける支援の現状に関する研究. 障害科学研究 , 43, 117-124, 2019.
文部科学省（2017）幼稚園教育要領（平成 29 年 3 月）.
文部科学省（2017）特別支援学校幼稚部教育要領 , 小学部中学部学習指導要領（平成 29 年 4 月）.

第 **4** 章

学校から見た「放課後等デイサービス」

第 1 節	はじめに

　近年、放課後や夏休み等の長期休みに、障害のある多くの児童生徒が放課後等デイサービスを利用するようになりました。これをきっかけとして、多くの特別支援学校、特別支援学級では、下校時の風景が変わっていきました。教員は、児童生徒が下校後にどこで過ごすかを確認することが日常となりました。下校後を放課後等デイサービスで過ごす児童生徒が増え、一人一人をそれぞれが利用する事業所の担当者へ間違いなく引継ぎ、その際には学校での児童生徒の様子を限られた時間で説明します。また、放課後等デイサービスの事業所が車で送迎を行う場合、学校内で駐車するか、近隣の駐車場を利用するか、学校の立地や環境によって、引継ぎ時の対応は異なります。校内での駐車を許可している学校では、事業所に対し、駐車場利用について説明の機会を用意したり、駐車許可証を発行したり、車両の誘導をする担当者を配したり、各校で児童生徒の放課後等デイサービス利用状況に対応しながら、校内における引継ぎが安全に行われるように進める必要があります。

　一方、放課後等デイサービスを利用している児童生徒の保護者は、事業所に対し学校生活における子どもの情報を伝えたり、放課後等デイサービスにおける情報を学校へ伝えたりして、双方のパイプ役を担っています。学校で作成した個別の指導計画、個別の教育支援計画等を放課後等デイサービスと情報共有するのも保護者を中心に行われています。放課後等デイサービスの支援計画を学校へ伝えるのも保護者です。児童生徒がどの放課後等デイサービス事業所を利用するかは保護者が中心となって選び、複数の事業所を利用するケースもあります。学校は保護者から提供される情報をもとに、保護者の同意を得て各事業所との会議や見学を行っています。また、学校行事への見学や参加の機会も保護者の同意のもと

で、各放課後等デイサービス事業所へ情報提供しています。

　近年、不登校の児童生徒の増加が話題になっていますが、こうした状況の児童生徒とも放課後等デイサービスの事業所は関わりが見られるようになりました。不登校になっている児童生徒が日中、放課後等デイサービスを利用する例があります。

　子どもが学校へ行けなくなった背景には様々な原因があります。その原因の一つに「障害」が考えられる場合があります。こうしたケースのなかで、学校以外に安心して過ごせる場所として放課後等デイサービスの日中利用を選択するケースがあります。また、特別支援学校や特別支援学級に在籍している児童生徒が不登校になる場合もあります。この場合も学校は他機関と連携し、様々な取り組みを重ねるなか、児童生徒の生活リズムを支え、登校へつなげられるように放課後等デイサービスの日中利用を勧めるケースがあります。放課後等デイサービスは放課後以外の場面でも学校と関わるようになってきています。

　放課後等デイサービスの事業所が増え、利用する児童生徒も拡大するなかで、厚生労働省は、2015（平成 27）年に「放課後等デイサービスガイドライン」を策定しました。そして同年、文部科学省は『放課後等デイサービスガイドライン』にかかる普及啓発の推進について（協力依頼）」を各都道府県教育委員会等に示しました。ここには、ガイドラインに記載されている放課後等デイサービス事業所と学校との具体的な連携方法の概要が参考として記されています。

　障害のある多くの児童生徒にとって放課後等デイサービスの利用が日常的とな

（参考）ガイドラインに記載されている放課後等デイサービス事業所と学校との具体的な連携方法の概要
1. 子どもに必要な支援を行う上で、放課後等デイサービス事業所と学校との役割分担を明確にし、連携を積極的に図ること。
2. 年間計画や行事予定等の情報を交換等し、共有すること。
3. 送迎を行う場合には、他の事業所の車両の発着も想定され、事故等が発生しないよう細心の注意を払う必要があることから、誰が、どの時間に、どの事業所の送迎に乗せるのかといった送迎リストや、身分証明書を提出する等ルールを作成し、送迎時の対応について事前に調整すること。
4. 下校時のトラブルや子どもの病気・事故の際の連絡体制（緊急連絡体制や対応マニュアル等）について、事前に調整すること。
5. 学校との間で相互の役割の理解を深めるため、保護者の同意を得た上での学校における個別の教育支援計画等と放課後等デイサービス事業所における放課後等デイサービス計画を共有すること。
6. 医療的ケアの情報や、気になることがあった場合の情報等を、保護者の同意のもと、連絡ノート等を通して、学校と放課後等デイサービス事業所の間で共有すること。

（2015 年 4 月 14 日文部科学省初等中等教育局特別支援教育課「放課後等デイサービスガイドライン」にかかる普及啓発の推進について（協力依頼）事務連絡）

り、日中の支援の利用もみられるようになった昨今、利用する子ども一人一人のために、「学校」は「放課後等デイサービス」との連携の質をどのようにして高めていくかについて考えることが大切になってきています。

第 2 節　「学校」が考える「放課後等デイサービス」との連携の課題

　　放課後等デイサービス事業所と通常学級との連携の在り方に関する調査研究において田村・和田（2019）は、小学校通常学級の教員が放課後等デイサービスとの連携についてどのように考えているかを明らかにしました。この調査では、T県内において、在籍する児童が事業所を利用していると回答した小学校通常学級の担任教諭 30 名を対象とした調査と、事業所を対象とした聞き取りが行われました。その調査結果において、既に連携を行っている小学校通常学級の割合は半数程度であり、連携を行うことで連携への期待も高まる傾向が明らかにされました。連携の必要性の理解が実際に行っていくことにより確かなものになり、継続されることを示しています。具体的な連携手段は「直接会う（送迎時）」と「電話」が高い割合を占め、これらは「保護者を通じて事業所の様子を聞く」「保護者を通じて学校の様子を伝える」のどちらをも上回るものでした。また、同調査研究においては、「通常学級の担任が放課後等デイサービス事業所について理解することや、手軽にできる連携方法の検討と連携機会の確保の必要性が示唆された」と示されました（田村・和田, 2019, p.131）。

　　特別支援学校と放課後等デイサービスとの連携に関する現状と課題について、式本・古井（2021）は特別支援学校の教員が放課後等デイサービスとの連携についてどう考えているかを明らかにしました。この調査は特定の特別支援学校において教員へのアンケートとして実施され、その結果によると、多くの教員が連携は必要としているものの、現状としてはそれが難しいということも明らかになりました。そして、「学校と放課後等デイサービスとの連携はどうすれば進めていけるのか」という質問項目では、表 1 のように「ケース会議・情報交換の機会」「日々の情報交換」の必要性が挙げられ、さらに、引継ぎ時に学校と放課後等デイサービスの間で簡単なチェックシート型の連絡帳を使用する方法、サポートファイルの活用を提案しています。

　　前述した 2 つの調査結果は、それぞれに特定の地域や校種を対象としています。いずれにおいても「学校」は、「放課後等デイサービス」との連携を必要と考え、

表1　連携を進めるための方策

ケース会議・情報交換の機会	14
日々の情報交換	8
見学	4
学校作成の計画を示す・突き合わせる	2
年間計画に組み込む	1

（式本・古井 , 2021）

その方法を模索していると言えます。また、模索した先に注目されているのは、いずれにおいても、児童生徒の保護者を介して連携することに加え、限られた時間で行われる引継ぎ時により有効な連携にすることなども含め、「学校」と「放課後等デイサービス」事業所が直接連携するという在り方でした。

第3節　「放課後等デイサービス」事業所から見た「学校」への要望から連携を考える

　東京都における学校と放課後等デイサービスとの連携について、半澤（2020）は、放課後等デイサービス側から見た実態と課題を明らかにしました。東京都内の学校と放課後等デイサービスの連携について、放課後等デイサービス事業所にアンケート調査を実施した結果では、回答した事業所の約半数が「うまく連携できていない状況であると認識している」とし、連携のための課題としては表2のように「情報交換の時間が取れないこと」、「保護者を通じての連絡しかできないこと」が上位として挙げられていました（半澤 , 2020, p.33）。

表2　学校との連携の課題について

連携の課題	回答数	%
情報交換の時間がとれない	92	36.4
学校の担当者が明確でない	29	11.5
事業所に担当者が固定していない	12	4.7
支援に関する学校との意識のずれがある	40	15.8
他の事業所にも利用者が通っていて調整がむずかしい	42	16.6
保護者を通じての連絡しかできない	56	22.1
その他	36	14.2

（2020, 半澤）

　さらに、放課後等デイサービス事業所が連携に向けた学校への要望については表3のように、「放課後等デイサービスについての教職員の理解と協力」（13.4%）

「教育内容や支援内容についての情報交換」(9.5%) が多い回答率となっています。

表3　連携を深めるための学校への要望について

学校への要望内容	回答数	％
放課後等デイサービスの理解に関して		
放課後等デイサービスについての教職員の理解と協力	34	13.4
平等な立場での連携についての教職員の意識	5	2.0
連携内容・方法に関して		
予定の連絡や日々の確実な引き継ぎ	15	5.9
定期的な連絡会の開催	18	7.1
担任との直接の情報交換	4	1.6
連絡時間，場，方法の設定	8	3.2
専任のコーディネーターの配置	2	0.8
放課後デイサービスへの訪問，見学	9	3.6
行政や家庭を含めた組織的な連絡会等の設置	6	2.4
学校と放課後等デイサービスとの人的交流	3	1.2
支援会議等に関して		
支援会議やケース会議の開催	19	7.5
教育内容や支援内容等についての情報交換	24	9.5
個別の教育支援計画やサービス計画に基づく協議	4	1.6

(2020, 半澤)

　組織間の連携においては、双方にとって有用な関係を無理なくどう培っていくのかが連携をより持続可能なものとしていけると考えられます。「情報交換の機会」確保をどのようにしていくか、とりわけ、どのように直接的な情報交換の機会確保を設定していくことが持続しやすく、相互理解につなげられるか、また双方にとっての有用な関係とは、という視点から探ることも重要であると考えられます。

第 4 節　学校へ登校できない児童生徒にとっての「放課後等デイサービス」から考える

　学校へ登校できない子どもの数は増加しています。文部科学省による「令和4年度児童生徒の問題行動・不登校等生徒指導上の諸課題に関する調査結果」では、小・中学校における長期欠席者のうち、不登校児童生徒数は 299,048 人（前年度 244,940 人）であり、児童生徒 1,000 人当たりの不登校児童生徒数は 31.7 人（前年度 25.7 人）でした。不登校児童生徒数は 10 年連続で増加し、過去最多となっています。障害のある子どもの中にもそうした子どもがいます。学校において、

特別な支援を必要としている児童生徒の割合が増えている現状が話題にされるなかで、登校できない理由や背景の一つとして、障害が挙げられたり、それまでにわかっていなかった障害が明らかになったりする場合があります。2023 年の「障害児通所支援に関する検討会」の「障害児通所支援に関する検討会報告書─すべてのこどもがともに育つ地域づくりに向けて─」には、放課後等デイサービスにおける【学童期・思春期において日中の通いの場がない障害児への対応等】として以下のように記されています。

> 【学童期・思春期において日中の通いの場がない障害児への対応等】
> ○ 学校には在籍しているものの、精神的な理由等で継続的に学校に通学できない「困り感」の強い障害児については、学校の対応に加えて、放課後等デイサービスについても、休息ができ、安心・安全でその子らしく過ごせる場としての役割は大きい。不安解消、社会的コミュニケーションを図れる場所として、将来の社会参加を促進するという観点からも、放課後等デイサービスにおいても教育や医療等関係機関と連携しながら支援していくことが必要である。
> ○ そうしたこどもへの支援の提供や、学校との連携を効果的に進めていく上では、ICT の活用も重要であり、取組を進めていく必要がある。
> ○ 居宅訪問型児童発達支援については、現在の主な対象が重症心身障害児等に限定されているが、不登校等で通所が難しいこどもの場合に活用することが考えられ、支援の対象の範囲について検討を進めることが必要である。
> ○ 学校等に進学せず（できず）、日中の通いの場がなくなっている発達支援を必要とする障害児については、日中の活動の場として、児童発達支援や「者みなし」[8] の活用ができることについて周知し、対応を進める必要がある。
> ○ 学童期・思春期のこどもへの支援にあたっては、家庭と教育と福祉、さらには医療との連携が不可欠である。その上では、文部科学省と厚生労働省・こども家庭庁、自治体の教育行政と福祉・医療行政が緊密に連携する体制を構築し、取組を推進していくことが重要である。
> 8　15 歳以上の場合は、日中活動の場として生活介護等の支給決定を受けることが制度上可能となっている。

（厚生労働省（2023）障害児通所支援に関する検討会報告書─すべてのこどもがともに育つ地域づくりに向けて─. 障害児通所支援に関する検討会, p.15）

　障害のある児童生徒が登校できない毎日を続けている時、学校以外にも日中、活動できる場所として放課後等デイサービスの事業所は大切な役割を担っています。一時的な利用で学校への登校につながることもあります。また、登校につながらない場合においても、生活のリズムを整えることへの確かな一歩となることがあります。ケースによっては、放課後等デイサービスで過ごす時間が学校の出席扱いになることもあります。障害のある子どもが学校へ登校できない時、安心して過ごせる場所としての放課後等デイサービスが家族にとっても大きな支えになっていると考えられます。登校できない子どもを支え、その子どもに合った学

校生活の再開につなげるために、学校は放課後等デイサービスが担っている支援を的確に受け止め、理解し、それぞれの場所の特色・役割を踏まえた連携を十分に取る必要があります。また、子どもの状態によっては、更に地域の多職種との連携を進めていく必要もあると考えられます。この意味でも、子どもを直接支援する「場所」である学校と放課後等デイサービスの事業所は、より具体的かつ専門的な情報の共有と役割分担をする必要が求められると考えられるのです。

第 5 節　学校と放課後等デイサービスの連携に向けて〜まとめにかえて〜

　「障害のある子どもたちの新たな学びの場としての放課後等デイサービス 〜連携と専門性という課題に焦点をあてた調査と実践事例〜」の中で、香野（2021）は、保護者、学校、放課後等デイサービス事業者を対象に主に連携について質問紙調査を行い、放課後等デイサービスへの期待や意義、課題を明らかにしました。そこでは学校が放課後等デイサービスに期待することと、放課後等デイサービスが考える事業の意義との間にやや開きがあるように見受けられるとされ、この傾向を生んだ背景としては、「放デイに対する教員の理解の乏しさ」や「放デイによる質のバラつき」が考えられるとしています。「放デイに対する教員の理解の乏しさ」という点に関しては、半澤（2020）の調査結果において、放課後等デイサービス事業所が連携に向けて学校へ要望することに、「放課後等デイサービスについての教職員の理解と協力」が最も多い割合だったことともつながります。

　厚生労働省（2022）の第 6 回障害児通所支援に関する検討会「児童発達支援・放課後等デイサービスの現状等について」において明らかになっているように、放課後等デイサービスの利用状況は拡大しています。2012（平成 24）年の月平均利用者数は 53,590 人でしたが、2021（令和 3）年 274,414 人と 10 年間での増加は目を見張るものがあります。その前提となる放課後等デイサービスの事業所は増え、サービス内容が事業所によって異なる状況が生じています。放課後等デイサービスが始まって 10 年、こうした今日の現状は、教員にとって放課後等デイサービスの事業がより身近に感じられる現実となっています。利用状況の拡大は、障害のある子どもとその保護者にとって、放課後等デイサービスが確かに欠かせない支援となっているということを意味しています。学校は目の前にいる児童生徒を支えるために存在する、放課後等デイサービスの共通する専門性が何か、異なる役割、機能は何かを正しく受け止め、それぞれの役割を担うことに更に目を向

けなければなりません。

　教育と福祉の連携について、「新しい時代の特別支援教育の在り方に関する有識者会議」(2020)は、家庭と教育と福祉の連携「トライアングル」プロジェクトの報告を受けて行った調査結果のまとめとして、教育と福祉のより一層の連携の充実に向けて「学校は、放課後等デイサービスや保護者との日頃からの連携のための工夫(連携シートや個人情報共有チェックシートなど)に加え、放課後等デイサービスガイドラインを参考とするなどして、子どもの適切な支援に繋げていくこと」としました(文部科学省,2020,p.14)。日頃からの連携のための工夫です。

　学校行事において、放課後等デイサービスの職員が来校している姿は当たり前の光景となりつつあります。日頃から引継ぎ時によく会う放課後等デイサービスの担当者とは、活動している児童生徒の元気な姿を通して、アイコンタクトで笑顔になることもあります。ある特別支援学校では保護者向けの研修会に放課後等デイサービスの職員の参加を受け入れて実施するようになりました。こうした一方で、児童生徒が放課後等デイサービスでどのように過ごしているかを知ることに積極的な学校と消極的な学校があります。放課後等デイサービスの事業所が行う療育を見学し、積極的に連携する場合もあります。また、学校の指導方法に連携し対応する事業所もあります。残念なことに双方とも連携は難しいと考えている場合もあります。まだまだ様々な現実があるのは事実です。

　学校と放課後等デイサービスは、ともに目の前の子どもの地域での生活を支える資源としての大きな役割を担うことが期待されます。半澤(2020)は、前出の調査結果から、「今後の学校と放課後等デイサービスとの連携を検討していく際に、児童生徒の障害の状況の違いや年齢の違いによる分析も重要である」とし、「さらに、学校の教職員や保護者を対象としたアンケート調査を実施し、連携に関しての意識や認識のずれを分析することや、実際に困っていることへの対応策を協議していくことが、より良い連携の在り方の検討につながる近道であると考える」とまとめていました。学校や放課後等デイサービスが「実際に困っていること」の中心にいるのは子どもです。「新しい時代の特別支援教育の在り方に関する有識者会議」(2020)における調査結果の中に、「学校と放課後等デイサービス事業所が日頃から関係を構築することで、何らかの必要性が生じた場合に迅速に対応できる体制をつくるための工夫例」が示されていました。学校と放課後等デイサービスが連携することに取り組むことは子どもに対する切れ目のない支援が実現するために欠かせない「工夫」と言えるのです。

　学校では下校時、放課後等デイサービスとの児童生徒の引継ぎを短時間で行い

ます。子どもによっては毎週数回程度、同じ担当職員との引継ぎを行います。日頃から繰り返す引継ぎの中で、例えば「A さんは着替えの時、左手から袖を通した方が一人で上手く着られますよ」こんな一言で支援が共有でき、A さんの混乱が消滅することもあります。その一方で引継ぎをする担当職員が頻繁に変わる事業所もあります。それは学校の担当者においてもあります。しかし、前出のどの調査研究も示唆しているように、放課後等デイサービス事業所と学校とが直接連携する場の必要性を鑑みると、引継ぎの限られた時間は連携のパイプを確かにする大切な場面です。繰り返される、この限られた時間をどう使って連携するか、どう積み重ねていくかは前向きに検討し、よりよい視点を導く必要がありそうです。

【参考文献】
厚生労働省 (2015) 放課後等デイサービスガイドラインについて. 社会・援護局障害福祉部長, 障発 0401 第 2 号.
厚生労働省 (2022) 児童発達支援・放課後等デイサービスの現状等について. 第 6 回障害児通所支援に関する検討会, 参考資料 1, 令和 4 年 12 月 14 日.
厚生労働省 (2023) 障害児通所支援に関する検討会報告書—すべてのこどもがともに育つ地域づくりに向けて—. 障害児通所支援に関する検討会, p15.
香野毅 (2021) 障害のある子どもたちの新たな学びの場としての放課後等デイサービス ～連携と専門性という課題に焦点をあてた調査と実践事例～. 教科開発学論集, 第 9 号, 愛知教育大学大学院・静岡大学大学院教育学研究科共同教科開発学専攻, p1-9.
式本裕耶・古井克憲 (2121) 特別支援学校と放課後等デイサービスとの連携に関する現状と課題−教員へのアンケート調査より−. 和歌山大学教育学部紀要, 教育科学, 第 71 集, p19-24.
田村あかね・和田充紀 (2019) 放課後等デイサービス事業所と通常学級との連携のあり方に関する調査研究. 富山大学人間発達科学研究実践総合センター紀要, 教育実践研究, №14：131-140.
半澤嘉博 (2020) 東京都における学校と放課後等デイサービスとの連携の改善による障害のある児童生徒への支援の充実. 東京家政大学研究紀要, 第 60 集 (2), p29-37.
文部科学省 (2005) (別記 1) 義務教育段階の不登校児童生徒が学校外の公的機関や民間施設において相談・指導を受けている場合の指導要録上の出欠の取扱いについて.
文部科学省初等中等教育局特別支援教育課 (2015)「放課後等デイサービスガイドライン」にかかる普及啓発の推進について (協力依頼) 事務連絡. 2015 年 4 月 14 日.
文部科学省 (2020) 教育と福祉の連携について. 新しい時代の特別支援教育の在り方に関する有識者会議第 9 回, 令和 2 年 8 月 31 日 (木), 資料 3-1.
文部科学省初等中等教育局児童生徒課 (2023) 令和 4 年度 児童生徒の問題行動・不登校等生徒指導上の諸課題に関する調査結果について.

第5章

小中学校在籍児童生徒の放課後活動

第1節　はじめに

　2014（平成26）年に厚生労働省・文部科学省が策定・公表した「放課後子ども総合プラン」では、「放課後子供教室」と「放課後児童クラブ（学童クラブ）」の一体型・連携型の実施について言及されました。4年後には次のプランに向けて「これまでの放課後児童対策の取組をさらに推進させるため、放課後児童クラブの待機児童の早期解消、放課後児童クラブと放課後子供教室の一体的な実施の推進等による<u>全ての児童の安全・安心な居場所の確保を図ること等を内容とした</u>、向こう5年間を対象とする新たな放課後児童対策のプラン」（下線は著者）として、2018（平成30）年9月14日に「新・放課後子ども総合プラン」が策定されました。

　少し前になりますが、池本美香は著書の中でフランス・ドイツ・スウェーデン・フィンランド・イギリス・アメリカ・オーストラリア・韓国という国々の子どもたちの放課後を調査した結果から日本の放課後対策を振り返り次のように述べています。「今回の調査を通じて、諸外国で『放課後という時間』が大切に考えられている背景には、子どもにもワーク・ライフ・バランスが必要だという考え方があるように感じた。豊かな『ライフ』（放課後）がなければ、『ワーク』（学業）も充実しないという考え方である。また、子どもの人権を尊重するという考え方も強く印象に残った。日本での放課後対策が重要視されていないのは、この『子どもにとってのワーク・ライフ・バランス』と『子どもの人権』がほとんど考えられていないためであるように思う。」（池本, 2009, p.230）。それは現在においても、子どもの放課後問題の根幹を言い当てているように思います。特に「子どもの人権」については「なお、諸外国において（中略）子どもを親の付属物としてではなく、独立した人格、一市民としてとらえ、子どもの人権を尊重するという考え方も強い。子どもの権利条約（中略）その第31条では『児童が文化的及び

芸術的な生活に十分に参加する権利を尊重しかつ促進するものとし、<u>文化的及び芸術的な活動並びにレクリエーション及び余暇の活動のための適当かつ平等な機会の提供を奨励する</u>』（下線は筆者）とある。（中略）日本においても、子どもの権利条約に照らして、放課後対策を見直すことが必要であり、その際子どもオンブズマン等の設置も検討すべきである。」（池本, 2009, p.208）としていることは重要な指摘であります。今回は、障害のある子どもたちの放課後活動について考えていきますが、問題の根幹は、障害のある・なし、ではなく、すべての子どもたちにとっての放課後を「子どもの人権」という視点から考えているか、ということのように思います。では次に、現在の子どもの放課後活動についての国の政策を見ていきます。

第 2 節　国における子どもの放課後政策

　「こども基本法」がこども施策を社会全体で総合的かつ強力に推進していくための包括的な基本法として、2022（令和 4）年 6 月に成立し、2023（令和 5）年 4 月に施行されました。その概要については「こども基本法は、日本国憲法および児童の権利に関する条約の精神にのっとり、全てのこどもが、将来にわたって幸福な生活を送ることができる社会の実現を目指し、こども政策を総合的に推進することを目的としています。同法は、こども施策の基本理念のほか、こども大綱の策定やこども等の意見の反映などについて定めています。」（こども家庭庁HP, こども基本法, 概要, 2023）とされています。

　また、2023（令和 5）年度より「こども家庭庁」が発足し、その役割はＨＰの中で次のように述べられています。「こども家庭庁のスローガンは『こどもまんなか』。わたしたちはみなさん一人ひとりの意見を聴いてその声をまんなかに置きアクションしていきます。そしてみなさんにとって最もよいことは何かを考えて、政策に反映していきます。みなさんや子育てしている人たちの困っていることに向き合い、いざというときに守るための仕組みをつくっていきます。こども・若者がぶつかるさまざまな課題を解決し、大人が中心になって作ってきた社会を『こどもまんなか』社会へと作り変えていくための司令塔、それがこども家庭庁です。」（こども家庭庁 HP, こども家庭庁とは, 2023）

　そして 2022（令和 4）年改正で 2024（令和 6）年 4 月 1 日に施行される「児童福祉法」では具体的な施策として「こども家庭センター」の市町村での設置があ

り、子どもの放課後活動については「放課後児童クラブ・児童館」「家や学校以外の子供の居場所」「障害児支援」などが示されています（図1）。

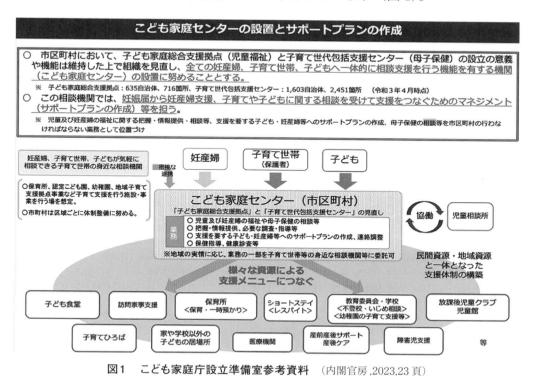

図1　こども家庭庁設立準備室参考資料　（内閣官房,2023,23頁）

　特に「障害児支援」については「障害児の健やかな育成を支援するため、障害児及びその家族に対し、障害の疑いがある段階から身近な地域で支援できるよう地域支援体制の構築を図るとともに、地域の保健、医療、障害福祉、教育、就労支援等の関係機関が連携し、切れ目のない一貫した支援を提供する体制の構築に取り組んでいきます。」（こども家庭庁HP,障害児支援,2023）とし、その概要として「障害児の健やかな育成を支援するため、障害児及びその家族に対し、乳幼児期から学校卒業まで一貫した効果的な支援を身近な場所で提供する体制を構築することが重要です。このため、質の高い専門的な発達支援を行う機関である障害児通所支援事業所及び障害児入所施設の支援の質の向上や、支援内容の適正化に取り組んでいきます。」（下線は著者）（こども家庭庁HP,障害児支援,2023）として、「児童発達支援」や「放課後等デイサービス」について言及されています。さらに「また、障害児の地域社会への参加・包容（インクルージョン）を推進する観点等を踏まえ、文部科学省や厚生労働省と連携し、一人ひとりの教育的ニーズを踏まえた特別支援教育との連携の促進や、一般就労や障害者施策への円滑な

接続・移行を図るなど、切れ目ない支援の充実を図るとともに、医療的ケアが必要なこどもや様々な発達に課題のあるこども等について、医療、福祉、教育が連携して対応する環境整備に取り組んでいきます。」（下線は著者）（こども家庭庁 HP, 障害児支援, 2023）として「地域社会への参加・包容（インクルージョン）」や「特別支援教育との連携」の促進が明記されていることは大切な部分です。

　また報告書の中で、こども家庭庁は子どもたちの居場所に対して、新たに「ユニバーサル / ポピュレーション」から「ターゲット / ハイリスク」という分類で示しています（図2）。

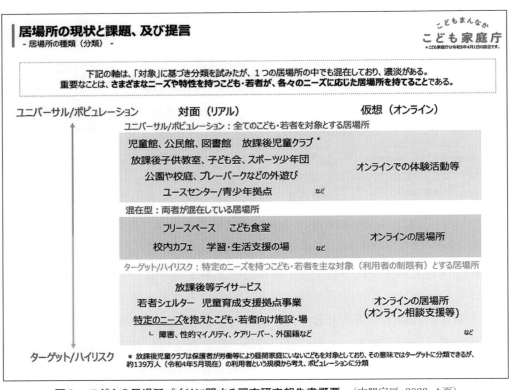

図2　こどもの居場所づくりに関する調査研究報告書概要　（内閣官房, 2023, 4頁）

　図2で、全ての子ども・若者を対象とする居場所（ユニバーサル / ポピュレーション）に分類される中には、放課後児童クラブと放課後子供教室が含まれ、今後両者の一体化の推進によって保護者の労働等に関係なく、子どもたちの放課後の居場所を保障しようとしていると考えられます。そこには可能な限り、障害のある子どもたちも含まれていくことが望まれます。一方、子どもたちのニーズに応じて、ポピュレーションからハイリスクまでの複数の居場所から選択できることが大切だと思います。

また、この報告書には、実際にこども家庭庁がヒアリングによって放課後の居場所を利用する子どもたちのニーズを聞き取ったデータが公にされています。
　以下は、その引用です。

「こども・若者への個別ヒアリング（居場所に求められる要素）」（下線は筆者）
＊回答者：先行研究の居場所から計7か所を選定し、1か所につき3〜12名（主に6〜18歳）を対象とした。
・身近にある、自力で行ける・帰れる
（徒歩・自転車で通える、公共交通機関で来られる場所にあること。）
・自分の意思で居たいだけ居られる
（無料で提供されている、なるべく長い時間（早くから／遅くまで）利用できる、自分の都合に合わせていつでも来られること。）
・くつろげる環境がある
（うるさくない、ゴロゴロできる、かわいいもの（ぬいぐるみなど）がある、インターネット環境がある、狭い場所があること、など。）
・好きなものがある、好きなことができる
（遊びや趣味のための設備・環境が充実している、自分の好きなものを持ち込める、好きなもの・存在とふれあえること（自然や動物とふれあえる、小さなこどもを世話できる・一緒に遊べる））。
・自分のタイミングで、いろいろなことができる
（欲求を妨げられない、いろんな目的を持った人がいる、ひとりでもできることを楽しめる、誰にも気を遣わず自分のペースでいられること、など。）
・人とのつながりを感じられる
（いつも周りに誰かいる・会える、友達と遊べる、ゲームをしたりごはんを食べたりすることを通じて誰かとコミュニケーションができること、など。）
・親しい人とのつながりの中で安心して居られる
（親しい人たちがいる、もともと知っている人がいる、否定されない、嫌なことが起きないこと。）
・趣味・興味の合う人がいる
（居場所の利用者やスタッフと、趣味・興味が合うこと。）
・支配・強制・指図されない
（大人が決めたルールによって、やりたいことや好きなことができないのは嫌だ、指図されない環境がいい、など。）
・自分の意思が反映される
（自分の意見・希望を伝える機会がある、居場所のスタッフがこども・若者の意見や希望が実現することを助けてくれる、イベントを企画できたり、居場所の運営を担う・手伝うことができること。）
・多様なイベントがあり、自分の興味の合うものに参加できる
（興味に合ったテーマのイベントや季節行事に参加できること、など。）
・居場所の運営のスタッフが好き、信頼関係がある
（居場所のスタッフが面白い・親しみやすい、居場所のスタッフと雑談できる・遊べること。）
・そこにいることを通じて、生きる力がつく
（人と関わるのが好きになった、人見知りをしなくなった、新しいことを学ぶ・体験する・興味を持つきっかけがある、将来のことを考えるきっかけがある、将来のことを一緒に考えてくれる人がいる、など。）
・交友関係を充実、拡大できる

> （もともとの友達との仲を深められる、親しい大人をつくることができる、<u>新しい友達（学校では会えない同年代）と出会って仲良くなれること。</u>）

（内閣官房 こども家庭庁設立準備室，2023「こどもの居場所づくりに関する調査研究報告書」53 〜 55 頁）

　ヒアリングでは「容易なアクセス」「安心できる場」「意見表明」「自分に合った活動」「共同で行うこと」「人間関係の拡大」等、子どもたちの率直な言葉が聞き取れます。このような子どもたちの声を直接聞くことは、子どもの人権（意見表明権）を尊重しており、「子どもの権利条約」「こども基本法」の精神に則るものだと考えています。そして、以上の報告書の内容から、地域や学校が放課後活動で目指したいことを次のように考えました。

・子どもの生活の質（QOL）を、家庭・学校・放課後（＋休日）とトータルに考え、ウェルビーイングの向上につながるように、一人一人の子どもたちに目を向けること。

・地域社会のインクルージョンを目指した、連携・協働を進めること。

・「子どもの権利条約」「こども基本法」の精神に則った居場所づくりをすること。

　そして、障害のある子どもたちにおいて、発達支援の視点を入れた具体的な手立てを次のように考えました。〈　　〉内はその主体となるものです。

① 「放課後児童クラブ」での障害のある子どもの受け入れを拡大すると共に、「放課後等デイサービス」とも連携し、ポピュレーションからハイリスクまでのニーズに応じて選択できるようになる。〈事業所〉

② 「民間の習い事等の事業所」において、合理的配慮の提供による障害のある子どもの受け入れを充実させる。〈地域〉

③ 「各自治体」において、日中一時支援や移動支援の推進等、保護者の就労等による預かりニーズに対応できる体制を整備し、ハイリスクへの対応が確実に行えるようになる。〈地域〉

④ 「こども家庭センター」による「支援計画（サポートプラン）」の作成と「相談支援事業所」による「障害児支援利用計画」、「学校」における「個別の教育支援計画」とを連携し、子どもをトータル的に支えていけるようになる。〈地域・事業所・学校〉

⑤ 「学校」におけるコミュニティ・スクールの推進による地域との連携と、地域における環境面でのユニバーサルデザインや合理的配慮の提供等のインクルージョンへの取り組み、子どもの権利を尊重した居場所づくりを推進する。〈学校・地域・事業所〉

　以上のような具体的な 5 つの手立てを考えましたが、特に学校は④⑤の二つの項目について、地域・事業所との連携を進めていくことが必要だと感じています。

　では実際に、障害のある子どもたちの放課後活動の状況はどうなのか。最近の先行研究である障害児の利用状況を障害児の放課後等の居場所づくり施策の現状と課題について自治体を対象に行ったアンケート調査結果では、「障がい児の利用状況」の中で「最も多く利用されている事業は『放課後等デイサービス』が 49 件で，分析対象市の 96.1% に設置され，利用者数も 1 位 42 件，2 位 7 件となっている」としています（宮地・中山，2020，p.242）。さらに続けて「次に多く利用されている事業は『日中一時支援』で，51 件の全ての市において実施され，1 位と 2 位を合わせて 30 件である。3 番目に多く利用されている事業は『放課後児童クラブ』である。1 位は無く 2 位と 3 位を合わせて 46 件を占めている。」としています。また、「居場所事業の課題」として「『放課後等デイサービス』は『職員や支援員が不足している』が 52.3% で，次いで『専門職員がいない』が 37.9%，『利用希望者が多く待機者がいる』が 34.0% であった」としています。そこで今回は、小・中学校在籍児童生徒を受け持つ教員に対して、子どもたちの放課後活動の実態をインタビューすることにしました。

第 3 節　特別支援学級・特別支援学校教員へのインタビューによる子どもの放課後活動の実態

　以下は、令和 4 年度後半から 5 年度初頭にかけて、「児童生徒の放課後の過ごし方」について東京都内（区部または市部）の A ～ H の 8 名の先生方に、対面もしくはメールにてインタビューを行った記録です。

　インタビューでは、担任や特別支援教育コーディネーターなど直接事業所と関わる立場の教員から、「利用の具体的な状況」と共に、「課題」などについて率直な思いを聞き取るようにしました。あくまで学校側からの意見であることと、著者と近い関係にある方に一対一で聞き取っていることによって、話者の主観的な部分も多々含まれていると思いますが、現場の先生方の息づかいのようなものが汲み取れればと思い、この形にしました。

＊　A ～ D　特別支援学級の教員（すべて小学校知的障害特別支援学級）
　　E ～ H　特別支援学校の教員（すべて知的障害設置校）
＊「学童」は「放課後児童クラブ」を示し、通常使用される学童クラブの略称、「放デイ」は「放課後等デイサービス」の略称として使用しています。

特別支援学級・特別支援学校教員による「子どもの放課後活動の実態」

	A　区部	B　区部
利用状況	・在籍 20 名中、学童・放デイの利用者 4 割(内、放デイの利用者は 7 割弱) ・曜日ごとの利用者数 (学童 , 放デイ) 　月 (2,6)　火 (3,4)　水 (3,5)　木 (3,4) 　金 (1,8)　土 (1,1) ・学年ごとの放デイ利用者数 　1 年 (毎日 -3,3 日 -1)、3 年 (毎日 -2,3 日 -1)、4 年 - 無し、5 年 (毎日 -1)、6 年 (2 日 -1)	・学童、放デイの利用者 5 割　学童 (5%)、放デイ (45%) ・放デイ利用では途中から転級してきたケースよりも、始めから特別支援学級で入学してきた児童と、保護者が共働きの家庭に多い。区から放デイの利用をすすめられているようである。基本的にはほぼ毎日利用している。 ・学童では一人で帰れる・保護者が共働きが条件で、学級の中で利用しているのは数名。始めから学童を利用していて途中固定級に転級するもそのまま学童利用という流れが多い。兄弟関係が在籍していると、そのまま入れるというケースも多い。 ・放デイと学童の併用はいない。学童利用は大体小 2 くらいまでで、それまでに一人下校ができるようになってくる。
課題・その他	・放デイは施設によって対応がさまざまである。迎えに遅れたり、学校との引き継ぎをせずに帰ってしまうケースもある。子供に向かう視点の共有がしづらい。今後の見通しや対応等、情報交換をできているケースもある。	・学童は通常学級の児童が大半なので、社会性のある児童でないと一緒になって遊ぶことは難しい。そこでトラブルになることもあった。その様子を保護者はどこまで知っているかは微妙である。特別支援学級の時程と通常学級の時程が行事等で違う時があるので、時々それでトラブルになった。 ・保護者の考え方：特別支援学校の保護者よりも強い要望のようなものはない印象を受ける。とにかく共働きだから利用しておこうといった印象。
	C　区部	D　市部
利用状況	・固定級の兄と通常級 (特別支援教室利用) の妹が一緒に放デイを利用。 ・放デイに行かない児童は区の「放課後子ども教室」へ行く児童もいる。その場合は、自分で自宅に帰宅可能な児童が利用。	・在籍 16 名中、学童・放デイの利用者 6 割弱 (内、放デイの利用者は 7 割弱) ・利用者数：放デイ：毎日 -1・週に 2・3 回 -5、学童：毎日 -2・週に 2 回 -1、併用利用 - 無し
課題・その他	・放デイは、各家庭へ送り届けるのが最大のメリットで、保護者も助かっている。 ・保護者の考え方：放デイでは、友達作りやコミュニケーションを楽しんでいる。遊び、おやつ、活動等のいろいろな関わりを通し、成長面で期待できる。長期休業中はイベントも開催してくれるので、助かっている。コロナ渦でなかなか家庭では出かけられない中、外出してくれる。	・帰宅後のゲーム時間に制限をかけても守れない。 ・保護者が仕事をしているため、宿題は自分任せとなり、高学年になるとやれない。 ・家の手伝いをしている (2 名) ・留守番は心配でさせられない。そのため学童利用をしている。
	E　区部	F　区部
利用状況	(a 区) 学童は小 1 しか利用できないので、小 2 からは放デイを利用。または、小 1 から放デイとの併用。 (b・c 区) 学童と放デイの併用。 (d 区) 放デイの数が少ないので、学童を利用する。	・多利用 (家で過ごす時間がほとんど無い) ・難しいケースほど、本人と保護者の関係性が薄れていく。関係が難しくなり、保護者は実態が分からないので、更に利用する。 ・単にレスパイトだけではない理由がある。負のスパイラルに入らないよう、預ける時間は減らせないけど、親子の関係性の濃さは増やしたい。

課題・その他	・学童ではトラブルが多発している。アタッチメントに課題のある子供も多い。学童は危険な場所という保護者の意識がある。 ・老舗の事業所で質が高いところもある。 ・保護者のニーズ：預かりが第一。学童を利用して、交流を求める保護者は少なくなった。(特別支援学校の副籍も、誰かが送迎などやってくれるならいいが、自分の時間を削ってまではやりたくないのでやらない。一方、地域の人に子供のことを知ってほしいという熱意がある保護者は実施している)	子ども達にとってのメリット ・放デイ：学校・家庭以外の支援者・同級生・異年齢の関わる場である。特別支援学校の子ども達にとっては、社会での共生の入口。 ・学童：幼・保時代の友達と再集合できる場。重度の子どもを受け入れてくれる所もある。放課後活動とは、学校でのコミュニケーション指導を般化する場であると考えられる。
	G　区部	H　区部
利用状況	(a区) 学童は障害児枠を明確にしている。学童は保護者の就労が条件なので、それ以外に同じ施設にある「放課後子供教室」を利用するケースもある。 (b区) 学童と「放課後子供教室」の併用。 (c区) 学童は障害児の受け入れを、小学校にしぼっている。特別支援学校の児童は、障害児日中一時支援か放デイを利用する。	(a・b区) 学童は障害児枠を明確にしている。特別支援学校の児童も入ることができる。

○インタビューを終えて

・小学校特別支援学級に所属する児童の放課後児童クラブと放課後等デイサービスの利用者は、4割～6割弱となっています。地域によっての大きな差はありません（施設利用者の内、放課後等デイサービスの占める割合は6割弱～9割と自治体によってばらつきがあります）。

・保護者のニーズは、共働きによる預かり、自分の時間をつくるためのレスパイトが多いです。

・保護者は共生の意識よりは、子ども同士のトラブルを避ける傾向があります。

・放課後児童クラブでは、自治体によって障害児枠を明確にしている所がありますが、特別支援学級に限定している所もあります。

・インクルーシブの視点からみた障害のある子どもたちにとっての放課後活動は、まだ事例は少ないですが、学校・家庭以外の支援者・同年齢・異年齢の関わる場となっています。また、学校でのコミュニケーション指導を般化する場でも

あります。

・子どもによっては、家で過ごす時間がほとんど無いケースもあり、週明けに疲れて登校してくることや、保護者との関係性の薄さなど、多利用の課題があります。

・保護者・学校からは、子どもたちの放課後の居場所として、安全・安心な場所という位置付けはありますが、「子どもの権利条約」にある「文化的及び芸術的な活動並びにレクリエーション及び余暇の活動のための適当かつ平等な機会の提供」という視点は薄いように感じます。

第4節　まとめ

　障害のある小中学校の児童生徒にとって、放課後の居場所として大きな位置を占めるのは「放課後等デイサービス」であることは間違いありません。そこは、保護者のニーズにある安心・安全な預かりの場である一方、子どもたちの過度な負担となる多利用の課題もあります。また、子どもたちが主体的に、文化的・芸術的な活動やレクリエーション・余暇活動、社会的な体験などを通して成長する場であることもまだ十分とは言えません。インクルーシブの視点からは、地域や社会に開かれた場であり、積極的に交流が行われている事例もまだ少ないのが現状です。このように全体を見ると課題ばかりが目立ってしまいますが、個々の事例では、特徴的な日々の活動やインクルージョンへの取り組みなどの工夫と努力がされている事業所があることも事実です。今後、そのような好事例を参考に、それぞれの事業所ができることへ取り組んでいくために、私たち学校も協働的な立場でありたいと思います。全ては子どもたちのために、「児童の権利に関する条約（子どもの権利条約）」「こども基本法」の理念に基づき、子どもの人権が大切にされる社会を目指して、地域の様々な大人たちが手を取り合って放課後の居場所をつくっていく必要があるのだと思います。

【参考文献】

池本美香（2009）子どもの放課後を考える―諸外国との比較でみる学童保育問題―, 勁草書房.

厚生労働省・文部科学省（2014）放課後子ども総合プラン.

厚生労働省・文部科学省（2018）新・放課後子ども総合プラン.

こども家庭庁 HP（2023）こども家庭庁とは
　　https://www.cfa.go.jp/about/（2024 年 1 月 22 日閲覧）.

こども家庭庁 HP（2023）こども基本法, 概要
　　https://www.cfa.go.jp/policies/kodomo-kihon/（2024 年 1 月 22 日閲覧）.

こども家庭庁 HP（2023）障害児支援
　　https://www.cfa.go.jp/policies/shougaijishien/（2024 年 1 月 22 日閲覧）.

内閣官房 HP（2023）こどもの居場所づくりに関する調査研究報告書概要
　　https://www.cas.go.jp/jp/seisaku/kodomo_ibasho_iinkai/pdf/ibasho_houkoku_gaiyou.pdf　（2024 年 1 月
　　22 日閲覧）.

内閣官房 HP（2023）こどもの居場所づくりに関する調査研究報告書
　　https://www.cfa.go.jp/assets/contents/node/basic_page/field_ref_resources/db46916f-2963-4114-917d-
　　8677e2761a90/837d3c6e/20230323_ibasho_houkoku.pdf（2024 年 1 月 22 日閲覧）.

内閣官房 HP（2023）こども家庭庁設立準備室参考資料集.
　　https://www.cas.go.jp/jp/seisaku/kodomo_seisaku_kyouka/dai5/sankou1.pdf（2024 年 1 月 22 日閲覧）.

宮地由紀子・中山徹（2020）障がい児の放課後等の居場所づくり施策の現状と課題. 日本家政学会誌, 71（4）,
　　242, 244-245.

第6章

保護者が求める放課後活動
−放課後等デイサービスを中心に−

第1節	子どもの放課後活動には保護者の願いが詰まっている

　2017（平成 24）年に放課後等デイサービスガイドラインが策定されました。それによると放課後等デイサービスはその基本的役割として、子どもの最善の利益の保障、共生社会の実現に向けた後方支援、そして保護者支援の 3 つが挙げられています。そのガイドライン総則に書かれている保護者支援とは、「放課後等デイサービスは、保護者が障害のある子どもを育てることを社会的に支援する側面もあるが、より具体的には、

① 子育ての悩み等に対する相談を行うこと

② 家庭内での養育等についてペアレント・トレーニング等活用しながら子どもの育ちを支える力をつけられるよう支援すること

③ 保護者の時間を保障するために、ケアを一時的に代行する支援を行うこと

　により、保護者の支援を図るものであり、これらの支援によって保護者が子どもに向き合うゆとりと自信を回復することも、子どもの発達に好ましい影響を及ぼすものとされる」とあります。放課後等デイサービスを運営するにあたって、保護者のニーズを汲み取り、共に子どもを育てていく併走者としての役割が非常に重要であることが伺えます。

　このことは、障害のある子どもたちの放課後支援の歴史を辿ると説明することができます。牛木・定行（2020）は障害児の放課後支援については、保護者や支援者の設立による放課後の場が 1970 年代よりみられるとしています。1979（昭和 54）年の養護学校の義務化以降、ようやく障害のある子どもたちにも当たり前に学校に通うことが保障されますが、これと同時に彼らの放課後の過ごし方についてもクローズアップされるようになりました。しかしその当時は障害のある子の放課後支援の施策も仕組みもありませんので、親たちが我が子のために設立

していくしかありませんでした。放課後や夏休みに遊びに行ける場所が欲しい、有意義な時間を過ごしたい、一緒に過ごす仲間が欲しい。子どもが健やかに発育するうえで必要となる当たり前の資源を、保護者が熱い思いを持って創っていったものが、障害のある子どもの放課後活動の始まりなのです。

　筆者は 2005（平成 17）年に放課後等デイサービスの前身である児童デイサービスの立ち上げに携わっていましたが、都内にある親の会で活動されている方々が協力して下さっており、「親は、子どもが家にいて何もしていない時間に、もっと何かできるんじゃないかと常に思っている」という、子どもの成長を願う親の切実な気持ちを助言して頂いたのが強く心に残っています。

第 2 節　サービス利用としての放課後支援

　障害のある子どもの放課後支援において大きな転機となったのが、2003（平成15）年に発足した「支援費制度」による児童デイサービスといえるでしょう。支援費制度とは、「ノーマライゼーションの理念を実現するため、これまで、行政が『行政処分』として障害者サービスを決定してきた『措置制度』を改め、障害者がサービスを選択し、サービスの利用者とサービスを提供する施設・事業者とが対等の関係に立って、契約に基づきサービスを利用するという新たな制度（支援費制度）とするものである」【厚生労働省の支援費制度 Q&A（平成 13 年 3 月6 日　厚生労働省社会・援護局　障害保健福祉部）】「（問 1）支援費制度導入の趣旨如何」というものであり、わかりやすく言うと、障害のある子どもと保護者が、自分が受けたい支援を自分で選び、事業者と契約をすることができる制度です。この支援費制度自体は 3 年半で廃止され、2006（平成 18）年 10 月には障害者自立支援法として改正されますが、障害のある我が子のために親が立ち上げ提供してきた放課後支援は、ひとつの福祉サービスとして確立され、必要とする者は（制度上は）誰でも受けることのできるサービスとして継続されてきました。2012（平成 24）年に放課後等デイサービスとして制度化されると、新規参入事業者の増加によりその数をどんどん増やし、10 年後の 2022（令和 4）年には、厚生労働省の「令和 4 年社会福祉施設等調査の概要」によると全国の放課後等デイサービス事業所数はおよそ 2 万箇所となりました（表 1）。またこの年の 9 月の利用実人員は 50 万人近くとなり（厚生労働省統計 2022 年度）障害児通所支援事業の中

でも大規模な位置付けであることがわかります（表２）。全国で見るとまだまだ地域差はあるにしろ、東京都内の筆者の勤務する地域には徒歩圏内に複数の放課後等デイサービス事業所が林立しています。この爆発的な増加が当事者である子どもの利益になっているのかどうかはこの章では論じませんが、親たちにとって放課後活動の場はもはや「あって欲しいと願うもの」ではなく、子どもの状態や家庭の状況に応じて「選ぶもの」になっているのは確かでしょう。ではサービスとして確立した現在において、保護者は放課後活動に何を求めているのでしょう。次の第３節では筆者の勤める東京都内において放課後等デイサービスを利用している、または今後利用する予定である４名の保護者から聞き取りを行い、この放課後等デイサービスが当たり前のように存在する現在において、保護者から見た子どもの放課後活動への期待、求めているものをエピソードとして紹介していきます。

表1　障害福祉サービス等事業所・障害児通所支援事業所の状況 事業の種類別にみた事業所数（抜粋）

各年10月1日現在

| | 令和4年
（2022） | 令和3年
（2021） | 対前年 | |
			増減数	増減率（%）
児童発達支援事業	11,803	10,183	1,620	15.9
居宅訪問型児童発達支援事業	255	228	27	11.8
放課後等デイサービス事業	19,408	17,372	2,036	11.7
保育所等訪問支援事業	2,281	1,930	351	18.2
障害児相談支援事業	8,619	8,130	489	6.0

（厚生労働省統計情報・白書　令和4年度社会福祉施設等調査の概況より）

**表2　障害福祉サービス等事業所・障害児通所支援事業所の状況
事業の種類別にみた利用状況（1ヶ月間の集計）**

令和4年9月

| | 利用
実人員
（人） | 訪問回数
合計
（回） | 利用者1人当たり
訪問回数（回） | | 利用
延人数
（人） | 利用者1人当たり
利用回数（回） | |
			令和4年 （2022）	令和3年 （2021）		令和4年 （2022）	令和3年 （2021）
児童発達支援事業	201,919	－	－	－	1,121,797	5.6	5.8
居宅訪問型児童 発達支援事業	324	1,326	4.1	4.9	－	－	－
放課後等 デイサービス事業	497,875	－	－	－	3,420,184	6.9	7.1
保育所等 訪問支援事業	14,643	23,308	1.6	1.6	－	－	－
障害児相談支援事業	104,712	－	－	－	－	－	－

（厚生労働省統計情報・白書　令和4年度社会福祉施設等調査の概況より）

| 第3節 | 保護者は今、放課後に何を望んでいるのか？ |

1．絶対に必要な放課後の過ごし方がなかなか決まらない不安
～これから学齢期を迎える彰二さんのお母さんの話～

彰二さん（仮名＊）について	６歳男児（発達遅滞）
家族構成	父・母・彰二さん・妹
保護者の就労の状況	父：フルタイム勤務　母：専業主婦
在籍校の種別	特別支援学校入学予定

＊本章に登場する事例は全て仮名です

　息子は、ひとりで過ごせる時間は寝ている時か好きな動画を見ている時くらいで、あとはずっと大人の関わりを要求する特徴があります。ずっと動画を見させているわけにもいかず、またそうでなくても、本人の危険認知も低く怪我が危ないので家にいる時は目が離せません。コロナ禍で夫が在宅勤務だった時は仕事が終わったらすぐに子どもを見てもらえましたが、今は職場勤務になってしまいそれもできなくなりました。今は幼稚園が終わってから息子が寝るまでの時間はずっと、（息子から目が離せず）家事など自分の時間が持てていません。そのような状況ですので、小学校に入ってからの放課後については、今は保護者に日常の暮らしを行う時間が欲しいという思いで一杯です。家庭と学校以外にどこか過ごす場所は絶対に必要だと思っています。

　放課後の活動に期待することは、本当はスイミングとかいわゆる「習い事」ができて本人も楽しめれば良いのかもしれませんが、本人に何ができるかわからないし、受け入れてくれる場所もないのではと諦めています。なので息子には放課後等デイサービスしか過ごす場所がないと思っていました。

　放課後等デイサービスでは、勉強とまではいかなくても、なにか生きていく上で必要なことを身に付けられるような支援が受けたいです。例えば簡単なお金の計算とか、買い物の仕方とか、ある程度の読み書きとか、大人になった時に身に付いていると役に立つスキルです。特別支援学校で教わらない内容などをカバーできると良いと思っています。

　一方で放課後等デイサービスは対象が小学生から高校生となっていますが、息子が高校生と一緒の空間にいることがまだ想像できません。同じ活動をするのか、一緒に遊べるのかなど想像をすると不安になる部分もあります。また、放課後等デイサービスはスタッフが少ないとも聞いているので、息子がその環境で安全に

過ごせるのか、息子の特徴に合った配慮がしてもらえるのか、少し心配です。

　また、息子が小学校入学と同時に長女は幼稚園入園となります。長女には幼稚園のあと本人の興味のある習い事をさせたいと思っていますが、息子のスクールバスの送迎と時間が重なりそうです。私が息子の送迎をすると、長女のやりたいことはできなくなってしまう。なので送迎のある放課後等デイサービスや、バス停から自宅までの移動支援などが使えると本当に嬉しいです。

　放課後等デイサービスを探すのはどこも定員がいっぱいで大変と聞いています。移動支援の事業所を見つけるのも大変かもしれません。早めに申込をしたいのですが、就学前の最後の一年に就学相談があって、ようやく学校が決まって、学校の登下校の時間は直前になるまでわからないという状況で、何をどう動いて良いのかわからず困っています。色々決まってから慌てて探し始めるので大丈夫なのかという不安があります。

　放課後等デイサービスの利用以外では、放課後や夏休みに息子と一緒に外へ遊びに行ってくれるような人がいると嬉しいです。地域に家族以外で息子を理解し、また息子も頼れる人がいるというのはとても心強いです。家族が動けない時でも息子を安心して預けられ、楽しい時間を過ごせるような支援があると良いと思っています。

保護者の求めること

・通える場所が限られるぶん、放課後を過ごす場所が確保できる見通しが就学前から欲しい
・特別支援学校からの送迎を担って欲しい
・社会に出た時に身に付いていると良いスキルを放課後で学びたい

2．「余暇」を通して子どもが地域でずっと過ごせる場に
〜医療的ケアが必要な美一さんのお母さんの話〜

美一さんについて	14歳男児（発達遅滞・気管切開・慢性肺疾患・難聴）
家族構成	父・母・美一さん・弟
保護者の就労の状況	父：フルタイム勤務　母：パートタイム勤務
在籍校の種別	特別支援学校（中学部）　2年
放課後等デイサービス利用状況	2か所の事業所と契約し、週3日利用
一週間の放課後の過ごし方	放課後等デイサービスを週3日利用 訪問看護で作業療法を隔週1日 往診が隔週1日

　放課後等デイサービスの利用を開始したのは息子が小学3年生の時。それまで入退院を繰り返していたのが少し落ち着いて、一年を通して学校に通える見通しが立ってきた頃です。息子は気管切開があり医療的ケア児のカテゴリーになりますが、歩行は問題なくでき、活動的です。当時は医療的ケアがあるので、肢体不自由児を主とする特別支援学校に在籍していました。看護師によるケアが行き届き安心して登校させられる一方で、自ら動いて、色々な人・物から刺激を受け成長していく息子には、もう少し何かが欲しいと感じる部分もありました。「動」の部分で同じような発達段階にある子ども集団で学ぶ場が欲しい。放課後等デイサービスの利用を考えた第一歩は、息子にちょうど良い成長の機会を確保することでした。

　私が息子の放課後等デイサービスを探していた2017（平成29）年頃は「医療的ケア児か」「医療的ケア児じゃないか」で叩く扉が決まっていたように感じます。息子のように動ける医療的ケア児は今でも珍しいケースであることは確かですが、痰吸引などの医療的ケアは保護者が付き添って行うと申し出ても、殆どの事業所は医療的ケア以外の発達面を見てもらうことなく断られました。しかしようやく見つけた事業所と週1日契約できることになり、動きの多い子どもたちの集団で過ごす時間が生まれました。息子にとっては驚くほど刺激の多い環境であったことは確かです。親の私から見ても、動作やコミュニケーションでの学びが息子にとってはこの環境が望ましいと感じ、その後、肢体不自由児ではなく知的障害児を主とする特別支援学校への転校を決意しました。放課後の経験は、我が家にとっては子どもの成長を考える上で非常に重要な決断となる時間でした。医療的ケア児全体に関しては、2021（令和3）年に医療的ケア児支援法が成立し、この年の報酬改定では放課後等デイサービスにおいて医療的ケア児を受け入れるた

めの報酬が盛り込まれました。少しずつ、医療的ケア児を受け入れる扉は開かれてきています。今後、子どもひとりひとりの発達段階にあった活動を提供する事業所を選べるようになることを期待します。

　学校や放課後等デイサービスの利用がある程度落ち着いた今、放課後活動に望むことは子どもの「余暇」を充実させることです。余暇というと、他のことが全部できている人だけのどこか贅沢品のような響きがあるように感じますが、私は余暇は人が生きていく上でとても重要なものだと思っています。子どもの健全な育みのために絶対に必要なものです。子どもの余暇というと、例えば健常のお子さんだったら、野球が好きで地域のリトルリーグに入るかもしれない。小学校4年生くらいになったら練習や試合に一人で行けるかもしれない。でも障害のある子どもたちは、余暇に場所を選びます。自分で好きなことを選び好きな場所に行くのではなく、彼らの特性を理解し適切な関わりができる場所にしか行けないのです。私は、放課後等デイサービスはその余暇の提供ができる場所であると期待しています。子どもたちが好きなことを事業所が見極め、子どもの人生を豊かにするための余暇を提供して欲しいと思います。そして子どもが自分から「ここに行きたい」と思われる場所になって欲しいと思っています。

　息子は今中学2年生なので、放課後等デイサービスを利用できる高校卒業まであと数年です。今から懸念していることは高校卒業後の余暇活動の場がないことです。障害があってもなくても、余暇は必要なのに、その必要な支援が途切れてしまう。学齢期が最も余暇が充実していて、卒業後は親が抱えなければならない。親はどんどん老いていくのに、です。放課後等デイサービスの数は増え、点で見るとサービスは充実してきましたが、子どもの人生を線でみるとそれがつながっていない。非常に残念です。そして最も不安なことは、せっかく息子を理解してくれている地域の事業所と関係が途切れてしまうのではないかということ。放課後等デイサービスは、ただの放課後を過ごす場ではありません。子どもが安心して通え、親が安心して託せる場所として、それこそ一生懸命探し、長く関係性を構築してきた地域の理解ある場所のひとつです。そのような地域資源をただの「年齢制限」によってひとつ失うということは、非常にやりきれない思いです。

保護者の求めること

・医療的ケアかどうかで判断するのではなく、まず子どもの発達状況に適した支援が受けられ、そこに医療的ケアが付くようにして欲しい
・余暇を充実させ子どもの人生を豊かにしたい
・高校を卒業してからも地域で余暇を楽しめる場所が欲しい

3．子どもと家族のニーズに合った放課後支援を
〜両親共にフルタイムで就労する史惟さんのお母さんの話〜

史惟さんについて	9歳男児　（発達遅滞）
家族構成	父・母・史惟さん
保護者の就労の状況	父：フルタイム勤務　母：フルタイム勤務
在籍校の種別	特別支援学校（小学部）3年
放課後等デイサービス利用状況	2か所の事業所と契約し、計週3日利用
一週間の放課後の過ごし方	放課後等デイサービスを土曜日を含む週3日利用 学童クラブを週3日利用

　我が家は夫婦共にフルタイムで働いており、私は常勤で教員をしておりますので、平日5日のほか土曜日が出勤になることも多い職場です。今日では両親共にフルタイムで働くことは何も特別なことではないと思います。でも我が家の場合はまず、学童クラブに通うベースを整えることから大変でした。私の住んでいる地域では学童クラブと放課後子供教室が一体化されて、小学校の空き教室を使って運営されています。本来なら家の近くの小学校の特別支援学級に通い、放課後は学校内の学童クラブで過ごすことが理想です。しかし、我が家の場合は就学相談で特別支援学校に通うよう判断され、学区の特別支援学級には入れませんでした。特別支援学校に学童クラブはありません。学童クラブに行くには下校時に特別支援学校のスクールバスに乗って家の近くのバス停で降り、そこから誰かに近くの学童クラブまで連れて行ってもらわなければなりません。制度上は移動支援が使えるのでしょう。でもほんの数十分の移動支援に毎日必ずヘルパーを派遣してくれる事業所を探すのも本当に大変です。この状況を、相談支援員やケースワーカーに何度も何度も訴え、スクールバスから降りてすぐ目の前にある小学校の学童クラブに通えることになりました。目の前ではありますが、移動支援を利用し、学童クラブ職員の協力も得られることもできました。このように、制度は色々と整っているようで、障害がある子は学童クラブの利用にも一苦労したり、まだまだ親が見ることが前提なのだろうなと感じる部分があります。

　現在最も懸念していることは、息子があと3年で小学校を卒業になり、学童クラブが使えなくなることです。特別支援学校は中学生の下校時間も（小中学校と比べて）早いです。中学生になると、部活動等で帰りが18時過ぎになったりすることを考えると16時ごろには帰宅する特別支援学校は早く感じます。ひとりで家に帰ることも留守番もできないのに、学童クラブも使えなくなります。区役所に相談をすると、バス停から移動支援を使い、そのヘルパーさんが居宅介護と

してそのまま一緒に留守番をしてくれる制度利用の方法があるそうです。その時間にお風呂も入れてくれるよ、とのこと。ただ私は、ヘルパーさんといえども知らない人が息子と二人で誰もいない自宅で過ごすことには抵抗があります。息子はおしゃべりができませんので、嫌と思うことを言えません。その場でも言えませんし後から親に報告することもできません。どうしても障害者虐待の恐ろしいニュースも目に入ってきます。そのような中で、私は居宅介護の利用には踏み切れません。行政は制度を整えているつもりでも、（実際には整ってきているのかもしれませんが、）利用する側の気持ちが置き去りにされている気がしています。

　移動支援・居宅介護を利用しないとなると、現時点では放課後等デイサービスを毎日利用するしかないと思っています。しかし都内には放課後等デイサービスが沢山できていると聞きますが、なかなか息子が入れる場所がありません。プログラム内容や身辺自立の支援など息子に良さそうな場所には空きがなく、通いたいと思える場所がありません。また、放課後等デイサービスの事業所なのに、「通常の学級に通われているお子さんのクラスです」と言われ断られることがあります。もちろんそのようなお子さんたちにもニーズはあるのかもしれませんが、うちの子のように、目が離せず、一人で過ごすことができない発達支援を必要とする子の居場所をもっと増やして欲しいです。特に公立の事業所ほど重度の子を優先して欲しいと思ってしまいます。

　もし放課後等デイサービスの利用が週6日確保されたとしても、夏休みなど学校が無い時に朝からどうするのか、という問題は残ります。教員にも働き方改革は導入されてきており、妊娠している教員や未就学児を育てる教員のための制度はだいぶ整ってきたように感じますが、障害のある子を育てているケースに対してはまだまだです。子どもが学童クラブに通えなくなるタイミングで仕事は辞めなければいけないのか。非常勤勤務に切り替えなければならないのか。それは父親ではなく同じフルタイムワーカーでも母親側が変えなければならないのか。どうすれば良いのか、皆さんはどうしているのか。障害のある中学生の子どもがいて、フルタイムで働いているご家庭はどうしているのか。そのスタンダードを知りたいです。

> **保護者の求めること**
>
> ・ひとりで過ごせない、手厚い支援を必要とする子の居場所を増やして欲しい
> ・学童が利用できなくなる中学生以降も保護者の就労が保障されるシステムが欲しい
> ・同じような状況の家庭はどのようにサービスを利用しているのか情報が欲しい

4．子どもにとって「当たり前」な放課後の過ごしを
～姉弟で特別支援学級に通う灯菜さん・伊一郎さんのお母さんの話～

（姉）灯菜さんについて	11歳女児（自閉スペクトラム症・発達遅滞）
（弟）伊一郎さんについて	7歳男児（自閉スペクトラム症・発達遅滞）
家族構成	父・母・灯菜さん・伊一郎さん
保護者の就労の状況	父：フルタイム勤務　母：専業主婦
在籍校の種別	灯菜さん：区立小学校特別支援学級　5年 伊一郎さん：区立小学校特別支援学級　1年
放課後等デイサービス利用状況	灯菜さん：2か所の事業所と契約し、週2日利用 伊一郎さん：2か所の事業所と契約し、週2日利用
一週間の放課後の過ごし方	灯菜さん： 放課後等デイサービスを週2日利用 放課後等デイサービス以外の個別療育を週1日利用 習い事（スイミング）週1日 訪問看護（作業療法）週1日 伊一郎さん： 放課後等デイサービスを週2日利用 放課後等デイサービス以外の個別療育を週1日利用

　我が家は長女・長男共に同じ区立小学校の特別支援学級に通っています。自宅から最も近い小学校には特別支援学級がありませんので、少し距離のある学校になります。まだ学齢が低いこともありますが、通学は行きも帰りも保護者の送迎ありきになります。現在、長女は楽しく学校に通えていますが、長男は登校を行き渋っています。学校への送迎も、長男が登校を嫌がって家を出られず長女とは別々に連れて行かなければならなかったり、なんとか頑張って二人とも家を出られても結局長男は学校へ入れず、午前中の時間をずっと家で見ていなければならないこともしょっちゅうです。

　朝の登校だけでなく放課後も送迎に追われています。5年生と1年生では下校時間が違うので、基本的にはお迎えも2回行くことになります。放課後は、放課後等デイサービスなどいくつか予定を入れていますが、学校からの送迎をしているところは週1回通っている所のみなので、残りの4日間は親が送迎をしている状況です。

　私は現在、電車で1時間くらいの所に住む私の両親の介護もしています。今までは子どもたちが学校に行っている間に介護や実家の片付けなどで両親の所へ行っていましたが、長男が不登校気味になり、たとえ登校できても4時間目だけとか短い時間しか行けなくなってしまったので、今はそれができません。放課後

にまとまった時間預かってくれる放課後等デイサービスに行く日を介護に充てることになりますので、学校から放課後等デイサービス、そして自宅までの送迎は必須になります。放課後等デイサービスは沢山あるようで、どこも定員に空きがなくキャンセル待ちであったり、キャンセルが出ても姉弟2人同時は難しいことが多いです。その上で、本人たちも楽しめて安心して通える場所となると探すのが大変です。最近、長女は放課後等デイサービスへ通うのに移動支援も使えることになりました。長男はまだ登校の状態が不安定なので利用できないのですが、少しずつ整えていけることを望んでいます。

　送迎の負担をなんとかしたいと思うことのほかに、放課後活動に望んでいることは3つあります。ひとつめは、子どもたちに豊かな時間を過ごし経験を広げて欲しいことです。できれば何か習いごとを、特に長女には音楽をさせたいと思っています。けれど配慮の必要な子どもが通えるところがそもそもなかったり、通える所があったとしてもその情報がなかったりと、なかなか広げられないでいます。今、長女はスイミングに通っています。もちろん親が送迎しています。長男は1時間程度ならひとりで留守番ができるようになりましたが、それ以上は難しいので、スイミングにも一緒に連れていくか、長男が家を出られなかったら長女の予定もやむなくキャンセルしています。

　2つめは、地域で定型発達の子どもたちと当たり前のように関わる機会が欲しいです。今は子どもたち同士の関わりと言えば、同じ特別支援学級のお友達か、放課後等デイサービスのお友達か、親の友達の子どもか、ということになります。近所の公園にしろ、どこかへ遊びに行くには必ず親の付き添いを必要とする子どもたちです。公園に行くか、児童館に行くか、自分達で自由に決めて遊びに行くという子どもにとって当たり前の放課後の過ごし方が彼らにはありません。なので彼らだけの力では、定型発達の子どもたちの輪に入ってそこから刺激を受けて子ども社会のルールなどを学ぶ場が今は無いのです。それは一方で、定型発達の子どもたちにも、配慮の必要な子どもたちのことを学ぶ機会が無いということでもあり、残念な気持ちになります。

　3つめは、学校の学習をサポートする場所が欲しいです。長女の宿題もある程度は親が付き添っていますが、長男は授業を受けられていないので、その科目を教えるところから自宅でしなければなりません。長男は学校の勉強も嫌がるようになってしまったのでなかなか進められずに困っています。学習に重きを置いた放課後等デイサービスもあるという噂は聞くのですが、私の住んでいるエリアには無いようです。私が知らないだけなのか、そういった情報はどこで手に入れれ

ば良いのかもわからずにいます。

> **保護者の求めること**
>
> ・きょうだい児や不登校など、親だけでは対応できないケースに応じたサービスが欲しい
> ・子どもに合った、子どもが豊かな経験をするために通える場所の情報が欲しい
> ・地域で定型発達の子どもたちと一緒に過ごし、子ども社会で学び成長する時間が欲しい

第4節　放課後は居場所の数ではなく質を求められている

　放課後等デイサービスに関する数字だけを見ると、障害のある子どもたちの居場所はあちらこちらに溢れているように見えてしまいます。しかし保護者のヒアリングでは「放課後等デイサービスは沢山あると聞くけれどうちの子が行く場所は無くて」という諦めにも似た声を何度も聞きました。今回4人の保護者の話から見えてきたことは、とにかく居場所が欲しいという時代は終わり、自分の子どもに合った、家族の暮らしに合ったサービスを選びたいという感覚でした。渡邉（2019）による「放課後等デイサービスを利用している保護者は何を求めているのか」の調査では、保護者は放課後等デイサービスを利用することの有用性（多様な体験・新しい人間関係・レスパイトケア等）だけでなく、サービスの負の側面（支援内容に対するマイナス評価等）も感じた上で、自分に必要なサービスは何かを考えているようであったとしました。場所はあっても我が子や家族のニーズに合わなければ利用しない、しかしぴったりのサービスが見つかるまで探し続けたい、というのが今の親の気持ちなのかもしれません。

　現在の放課後等デイサービスが、保護者の求める「我が子にぴったりな放課後活動」に近づくための課題は大きく3つあると感じます。第一に、学校と放課後等デイサービスとの制度上の連携の薄さです。就学相談の判断を待っていたのでは放課後等デイサービスの申し込みが遅れる（入れないこともある）、特別支援学校の児童が放課後児童クラブ等を利用することがあまり想定されていない、不登校児童への支援の連携が確立されていないなど、福祉と教育の制度に相互理解が足りず、結果として当事者とその家族が困っています。不登校児への支援に関しては2024（令和6）年の報酬改定においてその内容が盛り込まれ、放課後等デイサービスは不登校児にとって「安心・安全でその子らしく過ごせる場としての役割」とされ、教育や医療機関との連携が必要とされています。子どもひとりひ

とりの状態に応じて安心・安全に過ごせる自宅以外の場を提供していき、社会との接点を豊かなものにしていくのは放課後等デイサービスの大事な役割といえます。ではそこに、どのように学校と連携したサービス提供ができるのか、児童本人とその家族はどのような連携を求めているのかが、今後の課題といえるでしょう。

　第二に、保護者が我が子のより良い成長のために相談できる場が少ないことです。保護者は情報を求めています。そして子どもの発達状態や家族のニーズを把握し、ちょうど良いサービスにつなげていくには、家庭・学校・放課後の支援をつなぐコーディネーター的な役割が必要です。国の施策では 2012（平成 24）年より相談支援の対象を拡大し、2015（平成 27）年 3 月までに障害福祉サービスを利用する全ての利用者にサービス等利用計画の作成が義務付けられました。利用者一人一人に相談支援専門員が付き、それこそ放課後に必要なサービスを共に考え、子どものニーズにあった事業所の情報提供を受けられることが期待されました。しかし現状では、児童のサービス等利用計画を作成できる相談支援専門員の不足などから、未だ保護者自身がセルフプランとして作成するケースが多く見られます。児童が使えるサービスにはどのようなものがあるのか、我が家のケースで使えるサービスは何か、我が子の成長にぴったりな事業所はどこなのか、保護者自身が手探りで探さなければならないのが現状です。

　第三に重症心身障害児や医療的ケア児、強度行動障害など重度の子どもたちの放課後の居場所はまだ数が足りていないことです。放課後等デイサービスは人員配置基準を整備し資格や経験年数が求められる事業となりましたが、重度の子どもたちの発達支援ができる、専門的な知識・技術を持った支援員の育成はまだまだ必要です。また、制度の切れ目でサービスを使えなくなることが重度の子どもたちやその家族にとって非常に大きな影響があることを理解し、学齢期以降の余暇活動も制度として整っていくことを期待します。

　1979（昭和 54）年の養護学校義務化から現在まで、インターネットの普及などにより人々の暮らしは大きく変化しました。障害のある子どもとその家族のニーズも大きく変化しているのは当然のことです。就労をしながら、介護をしながら、きょうだい児のケアをしながら、不登校の対応をしながら、在宅で医療的ケアをしながら、とニーズは様々です。今後も福祉サービスとして放課後を支援していくのであれば、制度はよりきめ細かく一人一人のニーズに対応できるよう改正していくのが望ましいでしょう。

　最後に、筆者がとても印象に残ったのは保護者の皆さんから出てきた「地域で

暮らす」「相互理解」「地域の子どもたちと一緒に」という共生社会のキーワードでした。本来、子どもが沢山の豊かな経験を積むことに、障害のある子とない子に差があってはいけません。そして保護者たちもそう願っています。今、求められているのは障害のある子どもたちだけの居場所が沢山できることではなく、地域の中に溶け込み、当たり前のように地域で活動できる場所を増やしていくことなのでしょう。現状では、放課後等デイサービスガイドラインにある共生社会の実現に向けた後方支援がそれをどこまで実現できるのか、厳しい目で見守っていきたいと思います。

【参考文献】

牛木彩子・定行まり子（2020）障害児の放課後支援の変遷．日本女子大学大学院紀要・家政学研究科・人間生活学研究科，26，29-36．

江上瑞穂・田村光子（2017）放課後等デイサービス利用者のニーズについての検討−アンケート調査の結果と考察から−．植草学園短期大学研究紀要，18，37-45．

全国児童発達支援協議会（監）山根希代子・酒井康年・岸良至（著）宮田広善・光真坊浩史（編）（2020）新版　障害児通所支援ハンドブック．エンパワメント研究所．

玉井邦夫（2018）エピソードで学ぶ 子どもの発達と保護者支援−発達障害・家族システム・障害受容から考える．明石書籍．

西村いづみ（2018）放課後活動利用にみる発達障害児と家族の社会状況−母親を対象としたインタビュー調査からの考察−．子ども家庭福祉学，18，25-41．

渡邉孝祐（2019）放課後等デイサービス利用者の援助ニーズの考察−保護者の視点から−．跡見学園女子大学附属心理教育相談所紀要，15，221-239．

第7章

放課後等デイサービスが行っている送迎

第 1 節　放課後等デイサービスの送迎

　厚生労働省の放課後等デイサービスの実態把握及び質に関する調査研究報告書（2020）によれば、「平成 24 年 4 月に児童福祉法に位置付けられた放課後等デイサービスは、提供開始時点（平成 24 年 4 月）の利用者数が 51,678 人であったものが、子どもや保護者の大きなニーズを背景に、平成 30 年 12 月には 177,888 人と約 12 万 6 千人（3 倍以上）増加した」と報告されています（厚生労働省 , 2020, p.1）。その中で、「利用者への送迎の実施状況についてみると、『送迎を行っており、送迎加算を算定している』(84.5%) が最も多く、次いで『送迎を行っていない』(11.1%) であった」と多くの児童生徒が放課後等デイサービスの送迎を利用していることが分かります（厚生労働省 , 2020, p.98）。

　放課後等デイサービスによる送迎は、利用する児童生徒が自力で通所することができず、また、その保護者も様々な理由から送迎できない場合に、「障害児の自立能力の獲得を妨げないよう配慮」（厚生労働省 , 令和 3 年度障害福祉サービス等報酬改定の概要 2021, p.63）し、以下の要件を満たす場合に認められています。

---

①特別支援学校が運行するスクールバスのルート上に事業所がない等、スクールバス等での送迎が実施できない場合。
②スクールバス等での送迎が可能であっても、放課後等デイサービスを利用しない他の児童生徒の乗車時間が相当時間延長する等、スクールバスでの通所が適当でない場合。
③就学奨励費（特別支援学校に通う児童生徒および保護者への補助費用）で、学校と放課後等デイサービス事業所の送迎手段を確保できない場合。
④その他市町村が必要性を認める場合
※④は例えば、学校長と市町村が協議し、学校と事業所との間の途中までスクールバスによる送迎を行ったが、事業所までまだ相当の距離があり、事業所による送迎が必要であると認められる場合などが考えられる。

（厚生労働省 , 平成 24 年度障害福祉サービス等報酬改定に関する Q ＆ A . 平成 24 年 5 月 28 日 , pp.51-52)

<table>
<tr><td>第2節</td><td>放課後等デイサービスの送迎の役割</td></tr>
</table>

　松山によれば、知的障害特別支援学校小学部に在籍する児童の8割程度が放課後等デイサービスを利用し、利用する児童のうち1か所のみの利用が6割程度で、それ以外の4割程度が2か所以上を利用しています。このため、知的障害特別支援学校小学部教員が、放課後等デイサービスとの連携において重視していることについては、「日常的に指導員と教員が情報交換できる関係作りをする」ことを一番に挙げており、その方法として「放課後等デイサービスの送迎時に引継ぎをする」としており、放課後等デイサービスと特別支援学校の連携の重要性が示されています（松山, 2021, pp.16-18）。

　その連携について、香野によれば、「まず学校と放課後等デイサービスの間での連絡、情報交換では、引継ぎ時に口頭で行う方法が最も多かった。学校は79.7％、放課後等デイサービスは95.2％がこの方法を解答している」とされ、その他に、連絡帳などの紙媒体の利用が6.9％、面接等の時間を特設するが15.3％、特に行っていないという回答は0％で、伝えられる内容は、発作などの体調の様子や心理的な状態、排泄・食事の様子などが主であると報告されています（香野, 2021, p.4）。

　さらに香野によれば、「学校と放デイ間で行われている連絡や情報交換は、送迎時の短時間に、口頭で、学校からの一方的な伝達の形で、その日の学校での子どもの様子が伝えられているということである」という現状があり、「放デイから学校への情報交換は、保護者の書く連絡帳で、学校にその様子の一部が伝えられていた。相互に情報交換の必要性は強く感じているし、課題としても認識をしている。一方で、時間的、物理的な現実条件の下では、これが精いっぱいということであろう」と分析されています（香野, 2021, p.7）。

　松山（2021）、香野（2021）のように放課後等デイサービスの送迎の役割は、特別支援学校等の教員と放課後等デイサービス職員の情報共有等の連携に関する役割が指摘されています。しかしながら、送迎が当事者である児童生徒にとってどのような役割や意義があるのかについては十分検討されているとはいえません。実際に、送迎移動の中で、街並みや地域に着目して児童生徒と観察したり、気づきを共有したりするなど、社会生活につながる時間を設けることができれば送迎の意味も広がるかと考えます。そのため、小・中・高等学校等と特別支援学校との経路の間の地域社会と児童生徒の結節点をどのように創り出したり、地域社会

への興味関心を高めたりするのかについて、検討していきたい点といえます。例えば、バス送迎時に車窓から見える街並みを画像記録して移動マップを作成したり、訪問してみたい施設を見つけたりするなど、地域への興味関心を高めていくことで、今後共生社会の実現に向けた取り組みが広がっていくことが望まれます。

　また、移動中のレクリエーションなど、リフレッシュの時間となれば、児童生徒本人にとってもさらに有意義な時間を過ごすことができると考えられますが、実際は、放課後等デイサービス事業所の送迎スタッフは最少人数で運行していることが多いため、送迎の安全確保が最優先されているのが現状です。送迎中の移動の時間を児童生徒にとってより充実した時間にできるように、送迎時に翌日の活動への期待を高めるために活動予告を行ったり、活動内容を相談したりするなど、充実に向けた取り組みにも期待したいところです。

第 3 節　都立知的障害特別支援学校における放課後等デイサービスの送迎の現状

　都立知的障害特別支援学校（小中学部設置校）への電話による聞き取り調査を行いました（2024（令和 6 ）年 2 月）。対象は管理職又は下校時の放課後等デイサービスとの連携を所掌する担当者で、項目は以下の 4 項目です。

	A特別支援学校	B特別支援学校	C特別支援学校	D特別支援学校
学部	小・中	小・中・高	小・中	小・中・高
①車両を校舎内に入れているか	入れている（半数は校外）	入れている	送迎車両を校舎内に入れていない。	送迎車両を校舎内に入れていない。
②送迎に係る所要時間	10 分から 15 分	30 分	10 分から 15 分	10 分から 15 分
③送迎への教員の対応	送迎車を校内へ誘導し、教員が児童生徒を送迎車両まで引率。その際に口頭で短時間の引継ぎを行う。	送迎車を校内へ誘導し、教員が児童生徒を送迎車両まで引率。その際に口頭で短時間の引継ぎを行う。	校舎玄関において口頭で短時間の引継ぎを行う。	校舎玄関において口頭で短時間の引継ぎを行う。
④ 課題、その他	全車両は入らないので、15 台だけ校舎内に入れている。その他は校舎外の駐車場。	送迎車両の入庫に時間がかかる。教員の休憩時間にかかってしまう事が多い。	事業所より車両を校舎内に入れて欲しいとの要望があるが、敷地の関係で校外の駐車場を利用してもらっている。徒歩圏内の事業所には「一人通学練習」を行っているケースがある。	引継ぎは短時間のため、その日の体調に関することが主な内容。学校公開等において、連携の機会を作っている。

　これらのことから見えてくる現状としては、以下の点が挙げられます。

①　放課後等デイサービスの送迎のために、校舎内に送迎車両を入れているケースと、入れていないケースがあります。

②　送迎のための児童生徒の引継ぎに要する時間は、校舎内に車両を入れていない場合と小・中学部のみの場合には、10分から15分程度で、小・中・高の3学部がある学校では、30分かかっていました。

③　引継ぎの内容は、主に児童生徒の体調等に関することを簡潔に口頭で行っていました。

④　課題としては、送迎車両に関係することと引継ぎ時間に関係することの2点が挙げられていました。送迎車両については、敷地内で乗車ができないと、一般の駐車場を借りる必要があり、送迎時に料金が発生すること。また、駐車場まで児童生徒を安全に引率するのに十分な人員を配置する必要があること。引継ぎ時間については、学校側の教員の休憩時間との関係があり、多くの学校で児童生徒の下校後まもなく教員の休憩時間となるため、簡潔な内容で引き継ぐ必要があることが挙げられていました。

　以上のように、放課後等デイサービスと学校との送迎の現状は、前節2の「放課後等デイサービスの送迎の役割」に示した通り、「送迎時に引継ぎをする」「連絡、情報交換では、引継ぎ時に口頭で行う」「連絡や情報交換は、送迎時の短時間に、口頭で、学校からの一方的な伝達の形で、その日の学校での子どもの様子が伝えられている」ということが分かります。

　また、その他として一校より「一人通学」についての記載がありました。厚生労働省Q＆Aにあるように放課後等デイサービスの送迎は「障害児の自立能力の獲得を妨げないよう配慮」するように示されていますが、放課後等デイサービスと学校との距離が徒歩圏内の場合に、その移動時間を児童生徒の「一人通学」練習として活用するという事例です。放課後等デイサービス事業所と学校、そして保護者が連携し、児童生徒の自立の力をどのように育てていくのか、送迎の形が工夫されています。

第4節　放課後等デイサービスガイドラインに示された送迎の課題

　放課後等デイサービスが 2012（平成 24）年 4 月に児童福祉法に位置付けられて以来、その提供が開始された当時は、利用する子どもや保護者のニーズは様々で、また、提供される支援の内容は多種多様であり、支援の質の観点からも大きな開きがあるとの指摘がなされていました。この状況を踏まえて、放課後等デイサービスを提供する事業所が、その支援の質の向上のために留意しなければならない基本的事項が放課後等デイサービスガイドライン（2015）に示され、その中で「送迎」については以下のように示されています。

① 学校との連携
○ 送迎を行う場合には、子どもの安全確保に留意することは当然であるが、特に学校の授業終了後の迎えに当たっては、他の事業所の車両の発着も想定されることから、事故等が発生しないよう細心の注意を払う必要がある。このため、設置者・管理者は、送迎時の対応について学校と事前に調整しておくことが必要である。
○ 下校時のトラブルや子どもの病気・事故の際の連絡体制（緊急連絡体制や対応マニュアル等）について、事前に学校と調整し、児童発達支援管理責任者や送迎を担当する従業者に対し徹底しておく必要がある。
○ 子どもの学校から事業所への送迎に際しては、送迎リストの内容や送迎時の学校側とのルールを事前に把握し、送迎時には身分証明書を学校側の担当者に見せる等確認を取ってから、子どもを事業所に送っていくことを徹底する。
○ 子どもを送迎する場合は、誰が、どの時間に、どの事業所の送迎車に載せるのかといった送迎リストやルールを作成する等、学校側に送り出しの協力をしてもらう必要があり、送迎時には、身分証明書等を学校側の担当者に見せる等、学校側の確認を取ってから、子どもを事業所に送っていくよう従業者に徹底させる。
② 保護者との連携
○ 学校への子どもの出欠や帰宅の状況について、保護者との連絡により確実に確認することが必要である。このため、設置者・管理者は、送迎時の対応について保護者と事前に調整しておくことが必要である。また、下校時のトラブルや子どもの病気・事故の際の連絡体制について、事前に保護者と調整し、児童発達支援管理責任者や送迎を担当する従業者に対し徹底しておく必要がある。
③ 虐待防止の取組
○ 従業者等（実習生やボランティアを含む。）からの虐待（特に性的虐待）は、密室化した場所で起こりやすいことから、送迎の車内を含め、密室化した場所を極力作らないよう、常に周囲の目が届く範囲で支援を実施する必要がある。

　以上の項目は、すべて子どもの安全な送迎に関することであり、児童生徒が安全に放課後等デイサービスを利用することができるようにするためには、事業所はガイドラインの厳守が求められます。

第5節　児童発達支援・放課後等デイサービスの「送迎」に関する改正

　2022（令和4）年9月に静岡県牧之原市の幼保連携型認定こども園において、送迎用バスに園児が置き去りにされ、亡くなる事案が起きたことを受け、2023（令和5）年4月に児童福祉施設を対象とした送迎規定の改正が行われました。子どもたちの安全を守るため緊急に行われた改正で、定期的に行われる報酬改定とは別のものです。放課後等デイサービスの事業者も、内容を把握し対応することが求められます。

・通園用の自動車を運行する場合は、当該自動車にブザーその他の車内の園児等の見落としを防止する装置を装備し、当該装置を用いて、降車時の所在確認をすること。

・この規定については経過措置を設け、ブザーその他の車内の園児の見落としを防止する装置を備えることが困難である場合は、令和6年3月31日までの間、車内の園児の所在の見落としを防止するための代替的な措置を講ずることとして差し支えないこととする。

・通園を目的とした自動車のうち、座席（※）が2列以下の自動車を除く全ての自動車が原則として安全装置に係る義務付けの対象となる。（※）「座席」には、車椅子を使用する園児が当該車椅子に乗ったまま乗車するためのスペースを含む。

・「ブザーその他の車内の園児の見落としを防止する装置」は、国土交通省が12月20日に策定・公表した「送迎用バスの置き去り防止を支援する安全装置のガイドライン」に適合するものであることが求められること。

・なお、経過措置期間内において安全装置の装備がなされるまでの間についても、バス送迎における安全管理を徹底するとともに、例えば、運転席に確認を促すチェックシートを備え付けるとともに、車体後方に園児の所在確認を行ったことを記録する書面を備えるなど、園児が降車した後に運転手等が車内の確認を怠ることがないようにするための所要の代替措置を講ずること。

（児童福祉施設の設備及び運営に関する基準等の一部を改正する省令について（通知）, 厚生労働省, 2022）

　この改訂は、子どもが放課後等デイサービスを安全に利用するためのもので、送迎車両の中への放置や安全な乗降が実施できるよう、放課後等デイサービスにおいては適切に対応しなければなりません。

第 6 節　放課後等デイサービスの送迎の観点からの課題

　放課後等デイサービスを利用する児童生徒が増えている現状を考えると、特別支援学校と放課後等デイサービス事業所が適切に連携することが重要と考えられます。

　松山（2021）によれば、放課後等デイサービス事業所と知的障害特別支援学校中学部との連携の仕方においては、日常的に放課後等デイサービスの送迎時に引継ぎがなされ、中学部教員の 6 割程度が支援会議を通して情報交換をし、また、教員の半数前後が保護者を通して放課後等デイサービスでの生徒の様子を把握しています。

　まずは安全に児童生徒の送迎が行われるためにガイドラインに示されているような送迎における課題を適切に対応していく必要がありますが、学校と事業所が直接顔を合わせて話ができる「送迎の時間」を活用し、放課後等デイサービスと特別支援学校の連携と支援内容の充実に向けて、送迎時の短時間の引継ぎを「事業所にとっては一方的な情報提供」とならないような相互関係の改善も含めて行う必要性があるとともに、支援会議や個別の支援計画の活用等、利用者としての児童生徒を真ん中に置いた連携支援の改善が求められています。

【参考文献】
厚生労働省（2012）平成 24 年度障害福祉サービス等報酬改定に関するＱ＆Ａ（平成 24 年 8 月 31 日）. pp51-52.
厚生労働省（2020）放課後等デイサービスの実態把握及び質に関する調査研究報告書. p1, p98.
厚生労働省（2021）令和 3 年度障害福祉サービス等報酬改定の概要. p63.
厚生労働省（2022）児童福祉施設の設備及び運営に関する基準等の一部を改正する省令について（通知）.
香野毅（2021）障害のある子どもたちの新しい学びの場としての放課後等デイサービス〜連携と専門性という課題に焦点を当てた調査と実践事例〜. 静岡大学学術院教育領域. 教科開発学論集, 第 9 号, pp4-7.
障害児通所支援に関するガイドライン策定検討会（2015）放課後等デイサービスガイドライン. p1, pp13-23.
松山郁夫（2021）知的障害特別支援学校小学部教員における放課後等デイサービスへの見方. 九州生活福祉支援研究会研究論文集, 15 巻, 第 1 号, 2021.9.30. pp16-18.

第**8**章

放課後活動支援の変遷

第1節　戦前・戦後の放課後活動支援

1．学童保育事業の源流

　学童保育事業の源流は 1904（明治 37）年に神戸市婦人奉仕会が実施した「児童保育所」があげられ、「日露戦争の出征軍人家族や遺族」の内「働かざるを得ない母親」を対象に、幼児および学童を預かり保育した記録が残されています（齋藤，1983, p.136）。また、戦後に関しては大阪市東住吉区の「今川学園」（保育所）が 1952（昭和 27）年に、卒園した学齢児童のために園内に学童組を設けて学童保育実践を始めたとされています。他にも東京都内では、近江（2004）によれば 1950 〜 1960 年代にかけ、保護者による自主的な学童保育事業に類する実践が行われていたこと、齋藤（1983）によれば東京都北区王子の「豊島保育園」（現社会福祉法人豊川保育園）、同豊島の「クラブ保育園」（現社会福祉法人労働者クラブ）の両園と、町会による学童保育事業を行う合同運営の「豊島子どもクラブ」が創設されたことも指摘されています（齋藤，1983, p.137）。

　この先行研究であげられている事例に代表されるように、戦前から戦後の学童保育事業に関しては、今日の国の学童保育事業につながる制度整備がなされる以前から、萌芽的実践が行われたり、自主事業化が図られていたことが記録されています。このような萌芽的な実践が行われる中で、地方公共団体において学童保育事業が政策化されていくのは 1960 年代といえます。三根（2011）によれば、1960 年代に「東京都と大阪市がそれぞれ留守家庭児童（不在家庭児童）に関する調査」を実施し、「補助金の支出や不在家庭児童会の設置を行うという動きが活発化」したとしています。東京都では 1963（昭和 38）年に「昭和 38 年度学童保育事業運営要綱」を制定して「学童保育事業補助費」520 万円を予算計上し、「各区 1 か所ずつ 30 〜 50 人規模で学童保育を行う」ため「1 区当たり約 20 万円

の補助」を開始し、1965（昭和 40）年に「『東京都学童保育事業運営要綱』を発表して、公立学童保育所の充実を目指した」とされています（三根 , 2011, p.155）。また大阪市では、1965（昭和 40）年大阪市教育委員会「不在家庭児童調査」の結果を基に、1966（昭和 41）年に 10 校の「不在（留守）家庭児童会（学級）」を設置したとされています（三根 , 2011, p.156）。

2．「留守家庭児童会育成事業」「都市児童健全育成事業」（児童育成クラブ）の実施

　このように特に都市部での小学校、中学校在籍児童生徒の増加による放課後活動支援のニーズに伴い、地方公共団体での事業化に向けた政策形成が図られる中、旧文部省も「留守家庭児童」対策として 1966（昭和 41）年から「留守家庭児童会育成事業」を実施しました。「留守家庭児童会育成事業」は「留守家庭児童会育成事業費補助交付要項」によれば、学校、公民館、その他この事業を行うに適切な施設において、「下校後保護者が家庭にいない小学校児童」で「下校後午後5 時ごろまで保護者が家庭にいない場合等」の「保護指導を受けることができないことが常態であるもの」を対象に、「生活指導を行う」ことで「少年教育の振興に資する」ことが目的でした。この「留守家庭児童会育成事業」は、社会教育行政下で事業化されたものですが、一部の児童を対象とする事業であるため社会教育事業として馴染まないとされ、1969（昭和 44）年より校庭等を子どもの遊び場に開放する「校庭開放事業」実施を受け、1971（昭和 46）年に「校庭開放事業」へ統合されました。

　旧厚生省は旧文部省同様に「留守家庭児童」対策のための政策として、1963（昭和 38）年に「昭和 38 年度児童館設置費国庫補助について」（1963（昭和 38）年7 月 11 日厚生省発児第 140 号厚生事務次官通知）を示し、国庫補助の対象となる児童館に必要な機能を定めた上で、市区町村立の児童館の施設整備費・運営費に対して補助金支給を行う国庫補助を開始しました。翌年には「国庫補助による児童館の設置運営について」（1964（昭和 39）年 5 月 8 日厚生省発児第 121 号厚生事務次官通知）により児童館設置運営の基本要綱を示し、児童館でも留守家庭児童に対するケアを推し進めることとしました。さらに、全国学童保育連絡協議会が学童保育制度整備を目指して 1973（昭和 48）〜 1975（昭和 50）年度に国会請願を実行し、旧厚生省は 1976（昭和 51）年度から 1 億 1,700 万円を予算計上して「都市児童健全育成事業」（児童育成クラブ）を開始しました。

　この「都市児童健全育成事業」は、1970 年代から 1980 年代において児童の放

課後活動支援事業の中核を担っていきました。しかしながら、日本では 1975（昭和 50）年から出生率の低下が始まり、1990（平成 2）年に前年 1989（平成元）年の合計特殊出生率が 1.57 を記録するいわゆる「1.57 ショック」を契機に、児童福祉政策において少子化対策への傾斜が進むことになります。植木（1998）によれば、1980 年代後半から 1990 年代にかけ「人口の高齢化と少子化との関連」による「子育て支援」に関する議論が活性化する中で、「『子育て支援』政策の一環」として学童保育は注目を集めるようになったといわれています（植木, 1998, p.26）。

3．「放課後児童対策事業」（児童クラブ事業）「放課後児童健全育成事業（放課後児童クラブ）」への再編

　一連の少子化対策における子育て支援事業の一環として、1991（平成 3）年旧厚生省は「都市児童健全育成事業」を発展的に廃止し、「『放課後児童対策事業』の実施について」（1991（平成 3）年 4 月 11 日児発第 356 号 -1 厚生省児童家庭局長通知）の中で、「放課後児童対策事業実施要綱」（1991（平成 3）年 4 月 11 日児発第 356-5 号）が示され、「放課後児童対策事業」（児童クラブ事業）へと事業再編されました。日本は同時期に「児童の権利に関する条約」（1989（平成元）年 11 月 20 日国連総会（第 44 会期）採択）を受け、1990（平成 2）年 9 月 21 日条約署名、1994（平成 6）年 4 月 22 日批准しました。この条約批准の影響を受け、1997（平成 9）年「児童福祉法等の一部改正に関する法律」（1997（平成 9）年 6 月 11 日法律第 74 号）が制定され、学童保育は「放課後児童健全育成事業」（放課後児童クラブ）として法制化されました。法制化によりこの「放課後児童健全育成事業」は、児童福祉法（1947（昭和 22）年 12 月 12 日法律第 164 号）第 6 条の 3 第 2 項において、「小学校に就学している児童であつて、その保護者が労働等により昼間家庭にいないものに、授業の終了後に児童厚生施設等の施設を利用して適切な遊び及び生活の場を与えて、その健全な育成を図る事業」として位置付けられたのです。

4．「放課後子ども総合プラン」「新・放課後子ども総合プラン」による「放課後子供教室事業」「放課後児童健全育成事業」の一体的推進

　文部科学省も「家庭や地域の教育力の低下等」への対策として、2004（平成 16）年度から全国の学校等で、放課後や休日に、地域の大人の協力を得て、子どもの活動拠点としての居場所をつくり、様々な活動が展開されるよう、家庭、地域、学校が一体となって取り組む「子どもの居場所づくり新プラン」を実施し、「地

域子ども教室推進事業」を実施しました。この事業は文部科学省による 3 年間の期限付き委託事業として実施後、「放課後子供教室事業」（放課後子ども教室事業）に再編されました。

　さらに、2007（平成 19）年度より「全ての就学児童が放課後等を安全・安心に過ごし、多様な体験・活動を行うことができるよう、一体型を中心とした放課後児童クラブ及び放課後子供教室の計画的な整備等を進める」ため、文部科学省、厚生労働省が連携して「放課後子ども総合プラン」が策定されました。この「放課後子ども総合プラン」の中では、「『放課後子どもプラン』の推進について」（2007（平成 19）年 3 月 14 日付 18 文科生第 531 号・雇児発第 0314003 号文部科学省生涯学習政策局長、厚生労働省雇用均等・児童家庭局長通知）、「『放課後子どもプラン』の推進に当たっての関係部局・学校の連携等について」（2007（平成 19）年 3 月 14 日付 18 文科生第 532 号・雇児発第 0314004 号文部科学省生涯学習施策局長、文部科学省大臣官房文教施設企画部長、文部科学省初等中等教育局長、厚生労働省雇用均等・児童家庭局長通知）が示され、「放課後子供教室事業」「放課後児童健全育成事業」を連動させた一体的な放課後活動支援に関する事業推進が展開していくこととなりました。

　この「放課後子ども総合プラン」は、猿渡（2021）によれば 2018（平成 30）年度に「『新・放課後子ども総合プラン』について」（2018（平成 30）年 9 月 14 日 30 文科生第 396 号子発 0914 第 1 号文部科学省生涯学習政策局長、文部科学省初等中等教育局長、文部科学省大臣官房文教施設企画部長、厚生労働省子ども家庭局長通知）でより一層の推進を図ることが示され、2020（令和 2）年度にはさらなる推進を図るため、「『新・放課後子ども総合プラン』の一層の推進について（依頼）」（2020（令和 2）年 3 月 31 日文部科学省総合教育政策局地域学習推進課、厚生労働省子ども家庭局子育て支援課）も出されました。

　以上の制度の変遷から、今日 2024（令和 6）年度現在の日本における放課後活動支援は、「放課後子供教室事業」「放課後児童健全育成事業」を制度の中核的事業に位置付け、全国的に展開がなされているのです。

第 2 節　**障害のある児童の放課後活動支援**

1．障害児の放課後活動支援実践創出の契機

　放課後とは「学校が終わった後の時間を示す用語」で、学校教育制度に基づいて生じる概念であり、「特に何時から何時までどこで過ごすものというような定義」ではなく「学校を利用する子ども」の「『育ち』を支える独立した時間」のことを指します（松浦, 2017, p.82）。この放課後に関して障害児の生活と関連して、社会問題化するのは養護学校義務制以降です（藤本, 1988）。それまでの障害児の生活は特に「1960 年代」まで「施設入所中心」であったため（牛木・定行, 2020, p.30）、養護学校義務制実施以降、障害児が学校生活を送る中で相対的に放課後の時間が生じ、家庭や学校以外の「地域での生活」が児童の発達に影響することに関心が寄せられるようになったことに起因します（池田, 2012）。障害児が「地域で豊かな生活を送るために必要不可欠なもの」として取りあげられるようになるのです（木村・李木, 2006, p.57）。

　この養護学校義務制前後で、1974（昭和 49）年希望者全員就学に取り組み始めた東京都では、「障害児の放課後支援に関する活動」が始められるようになり、「『障害児学童保育』という呼称により都内各地域に広がりを見せ」ていきました（松浦, 2017, p.85）。実際に田中・渡邉（2011）では、1970（昭和 45）年東京都渋谷区「渋谷なかよしぐる〜ぷ」、1973（昭和 48）北区「障害児者グループつみき」等民間組織で、学齢障害児の放課後や休日支援が行われていたことが明らかにされています。この東京都のような動きは「京都、奈良、埼玉、千葉などでも同様」に広がっていったとされています（松浦, 2017, p.85）。

　また、養護学校等では夏休みの長期休暇に「サマースクール」の取り組みが広がった地域も確認できます。京都府南部に位置する城陽市では、「障害児を抱えた母親たちの『子どもになんとか夏休みを生き生きと楽しくすごさせてやりたい』という切実な願いを原動力」として、「長期休みにおける障害児の遊び、学習の場、友達づくりを行える活動場所」として「サマースクール」が展開されていきました（小宮山・山下, 1988）。この「サマースクール」の取り組みは 1979（昭和 54）年乙訓地域、1981（昭和 56）年宇治市、1982（昭和 57）年八幡市、1986（昭和 61）年久御山町、1987（昭和 62）年京田辺市へと拡大していきました（小宮山・山下, 1988）。

　その一方で、国で具体的に障害児の放課後活動支援に関する施策が問われるよ

うになったのは、1992（平成 4）年の学校五日制の導入を契機とするといわれています（津止, 1992）。さらに、1996（平成 8）年度隔週実施、2002（平成 14）年度完全実施と学校五日制が進展するにつれ、「養護学校等の子どもたちの『放課後問題』を一気に顕在化させ」ていきました（森川, 2011, p.160）。実際に、「障がいのある児童の地域生活の実態についての調査研究」が「1990 年代から『障がいのある児童の学校外生活の実態調査』として全国的に取り組まれ」るようになっていったことで（池田, 2012, p.22）、地域生活に係る問題と対策の必要性が顕在化していったのです。そのため、具体的な施策化が 1990 年代後半以降、政策論争の俎上にあげられていきました。

　このような障害児の放課後の地域生活保障をめぐる問題は、養護学校義務制実施による学校教育の保障に係る政策の展開に伴って相対的に顕在化し、生活保障に向けた動きを求めるニーズが顕在化していきました。しかしながら、その対策に関する国の政策は立ち遅れ、障害児をもつ保護者や支援者により家庭、学校とは異なる第 3 の子どもの居場所づくりとして民間組織を中心に展開していったのです。この動きに関しては、「子どもたちのことを思えば、放りなげてしまうことはできない」という保護者や支援者の「やむにやまれぬ気持ち」が放課後保障の実践の原動力となっており（津止, 1992, pp.149-150）、「どんな小さな要求も、たった一人の要求も大切にしあって、要求によってつながりながら、不屈の運動を続けてきた」ことでその実践は創出され、「無から有を作り出すがごとく」支援の場がつくられていったといわれています（白石, 2007, pp.15-16）。

2.「放課後児童健全育成事業」における「障害児受入促進試行事業」

　国の政策として、障害児の放課後活動支援に関する施策が本格的に実施されるのは、学校五日制の隔週実施が実施されて以降の、1998（平成 10）年「放課後児童健全育成事業」の実施です。1998（平成 10）年 4 月 1 日から実施された「放課後児童健全育成事業」では、厚生労働省は 2001（平成 13）年 4 月 1 日から「障害児受入促進試行事業」を実施し、障害児 4 人以上の受け入れで指導員 1 名の指導員雇用に係る経費への補助金を加算支給する事業を開始しました。ただし、この事業は「1 事業所への補助額も年間 71 万円と新たな指導員を雇用することも困難」であるため、「実用性の低い」事業であったとされています（泉, 2019, p.53）。そのため、「障害児受入促進試行事業」に関しては、2003（平成 15）年度から「障害児 4 人以上」の加算支給条件を「2 人以上」と変更し、2006（平成 18）年度からは加算支給条件の人数要件が廃止されました。

　このような促進事業等の影響もあり、「放課後児童健全育成事業」における障害児の受け入れは、年々拡大していきました。牛木・定行（2020）によれば、以下のような「放課後児童健全育成事業」における障害児の受け入れ調査データが示されています。

表1　「放課後児童健全育成事業」における障害児の受け入れ状況

	1993 年	1998 年	2001 年	2003 年	2004 年	2005 年	2006 年	2007 年	2008 年
	平成 5 年	平成 10 年	平成 13 年	平成 15 年	平成 16 年	平成 17 年	平成 18 年	平成 19 年	平成 20 年
全放課後児童クラブ数	7,516	9,627	11,803	14,698	14,457	15,184	15,858	16,685	17,583
障害児を受け入れている放課後児童クラブ数	約 1,080	約 1,930		4,063	4,471	5,087	5,870	6,538	7,477
障害児の登録児童数	約 1,700	約 3,000		約 7,200	9,289	10,979	12,656	14,409	16,564
障害児受け入れ放課後児童クラブ数の全放課後児童クラブ数の割合 (%)	14.4	20.0	30.7	29.4	30.9	33.5	37.0	39.2	42.5

	2009 年	2010 年	2011 年	2012 年	2013 年	2014 年	2015 年	2016 年	2017 年
	平成 21 年	平成 22 年	平成 23 年	平成 24 年	平成 25 年	平成 26 年	平成 27 年	平成 28 年	平成 29 年
全放課後児童クラブ数	18,479	19,946	20,561	21,085	21,482	22,084	22,608	23,619	24,573
障害児を受け入れている放課後児童クラブ数	8,330	9,120	9,788	10,460	11,050	11,951	12,166	12,926	13,648
障害児の登録児童数	18,070	19,719	21,534	23,424	25,338	27,776	30,352	33,058	36,493
障害児受け入れ放課後児童クラブ数の全放課後児童クラブ数の割合 (%)	45.1	45.7	47.6	49.6	51.4	54.1	53.8	54.7	55.5

1993,1198,2003 年 1 全国学童保育連絡協議会　調査
2001 年　地域児童福祉事業等調査
2007 年〜2017　放課後等児童健全育成事業 (放課後児童クラブ) の実施状況 (厚生労働省)
2005 年　厚生労働省調査　より作表

（牛木・定行（2020）p.31 より転載）

3．「児童デイサービス事業」から「放課後等デイサービス事業」への展開

　日本では、「放課後児童健全育成事業」での受け入れとともに、障害児を対象とした放課後活動支援を行う事業所も並行して展開されてきました。1990（平成2）年老人福祉法等改正在宅福祉制度整備に関連して「児童福祉法の一部を改正する法律」（1990（平成2）年6月29日法律第58号）により、「児童居宅支援事業」の法制化が図られ、1998（平成10）年「障害児通園（デイサービス）事業について」（1998（平成10）年8月11日障発第476号厚生省障害保健福祉部長通知）により「障害児通園（デイサービス）事業」が整備されました。この事業は1972（昭和47年）「心身障害児通園事業について」（1972（昭和47）年8月23日児発第545号児童家庭局長通知）による「障害児通園施設が整備されていない地域」で、「障害のある幼児を対象に療育を実施する自治体への国庫補助事業」である「心身障害児通園事業」を再編して整備されました（泉, 2019, p.53）。

　「障害児通園（デイサービス）事業」では、対象児童は「通園事業の対象となる児童は、通園による指導になじむ障害のある幼児」とともに、「市町村長は、通園による指導になじむと認められ、かつ事業の目的、地域の実情等諸般の事情を考慮し適当と認められる学齢児（小学校又は盲学校、聾学校若しくは養護学校の小学部に就学している児童）に、本事業を利用させることができるものとする」と規定され、同事業は放課後活動支援事業としても利用可能となりました。

　この「障害児通園（デイサービス）事業」は、2005（平成 17）年「障害者自立支援法」（2005（平成 17）年 11 月 7 日法律第 123 号）制定により、2006（平成 18）年度に「乳幼児を 7 割以上受け入れている」事業である「児童デイサービスⅠ型」事業と、「学齢児を 3 割以上受け入れている」事業である「児童デイサービスⅡ型」事業に再編されました。そのため、放課後活動支援事業を行う事業所は、主に「児童デイサービスⅡ型」事業に移行していったのです。さらに、2010（平成 22）年「児童福祉法の一部を改正する法律」（2010（平成 22）年 12 月 10 日法律第 71 号）により、2012（平成 24）年 4 月 1 日から障害児の放課後活動支援に関する事業として、児童福祉法第 6 条 2 の 2 第 4 項に規定された「放課後等デイサービス事業」が整備されました。

　「放課後等デイサービス事業」は「学校教育法第 1 条に規定する学校に就学している障害児に対し、授業の終了後（放課後）または休業日に、生活能力の向上のために必要な訓練、社会との交流の促進その他の便宜を供与すること」を目的とする事業です。また事業対象は障害のある小学 1 年生から高校 3 年生（特別な事情のある場合は 20 歳まで利用可能）であり、学齢児童よりも幅広い障害児の放課後活動支援事業に再編されました。この「放課後等デイサービス事業」は 2023（令和 5）年現在も、日本社会においては障害児の放課後活動支援事業の中核として機能しています。

　これら障害児を主な対象とする放課後活動支援事業は、全障研全国大会放課後保障と地域での生活分科会グループ（2001）による調査によれば、2000（平成 12）年に「全国には『障害児の学童保育的活動』を行っている団体が 121 団体」あり、「2,934 人の障害児・者（幼児を含む）が活動」しており、これは 1999（平成 11）年の「学童保育在籍の障害児 2,691 人」より多いとされています（全障研全国大会放課後保障と地域での生活分科会グループ, 2001, p.62）。

　「放課後等デイサービス事業」に関しては、事業所数・利用児数は表 2 のように推移しており、年々拡大傾向にあることが見て取れます。この「放課後等デイサービス事業」における利用者の状況に関しては、山本（2016）によれば質問紙

調査結果から、登録（契約）児童は年齢が上がるにつれて少なくなること、障害程度が「重度」「最重度」の子どもの利用率は低くなっていることが指摘されています。また、山根他（2020）によれば、発達障害の子どもが最も多く、中学生・高校生になると登録（契約）児童数は減少する傾向にあることを報告しています。

　従って、日本における障害児の放課後活動支援は、障害児を対象とした放課後活動支援を行う事業所を中心に展開してきたと考えられ、その傾向は今日に至るまで変わらないと考えられます。

表2　「放課後等デイサービス事業」事業所数・利用者数の変遷

年		事業所数	年		利用者数（一月平均）
2012	H24	2,887	2012	H24	53,950
2013	H25	3,832	2013	H25	68,035
2014	H26	5,239	2014	H26	88,360
2015	H27	6,999	2015	H27	112,162
2016	H28	9,306	2016	H28	140,442
2017	H29	11,288	2017	H29	170,844
2018	H30	12,833	2018	H30	201,803
2019	H31/R1	14,046	2019	H31/R1	226,610
2020	R2	15,048	2020	R2	243,454
2021	R3	17,298	2021	R3	274,414

（国民健康保険中央会「国保データベース（KDB）システム」掲載データより筆者作成）

　日本における放課後活動支援は、1960 年代の「留守家庭児童」を対象とする支援事業として社会教育下で展開され始め、1970 年代には「校庭開放事業」等学校教育下での実践へと広がっていきます。放課後活動支援が学校教育制度下で展開されていくことで、今日の「放課後子供教室事業」（放課後子ども教室事業）へと事業発展がなされていったといえるのです。

　また児童福祉政策として 1960 年代「都市児童健全育成事業」（児童育成クラブ）として開始され、1970 年代から 1980 年代において児童の放課後活動支援事業の中核を担っていくこととなります。この「都市児童健全育成事業」（児童育成クラブ）を源流として「放課後児童健全育成事業（放課後児童クラブ）」へと事業展開がなされており、今日の放課後活動支援体制の基幹事業となっています。

　このような放課後活動支援に関する事業展開が図られる中で、障害児に関しては養護学校義務制による学校教育保障の動きの中から、放課後活動支援に係るニーズが顕在化していきます。しかしながら障害児の場合、1980 年代国の政策による支援事業の展開はなされず、実質的には保護者や支援者による民間組織での事業を中心に展開していくこととなるのです。そのため、国の政策が大きく展開していくのは、1992（平成 4）年の学校五日制の導入を待たなければならなかったのです。

　この学校五日制の導入により、国の政策議論の俎上に障害児の放課後活動支援があげられ、「放課後児童健全育成事業」で「障害児受入促進試行事業」の実施がなされていきます。このように障害児を対象とする事業が展開され始め、社会福祉制度改革の中で 2004（平成 16）年全国放課後連が設立され、全国放課後連が厚生労働省に制度整備を求めた影響もあって、2005（平成 16）年障害児タイムケア事業が創設され、日中一時支援事業、児童デイサービス 2 型等と事業再編を経て、2012（平成 24）年に放課後等デイサービス事業が開始されるに至っています。

　この学校五日制の導入により俎上にあげられた障害児の放課後活動支援に係る問題は、放課後活動の保障に留まらず、「放課後を含む学校外生活をいかに豊かなものにするかという観点を内包した問題」へと変化していったことに（木村・李木 , 2006, p.57）、一つの特徴があげられます。この特徴に関しては、障害児の地域生活を放課後と休日等とに分割するのではなく、広く学校外での地域生活ととらえ、包括的な支援事業が整備されたのです。

　しかしながら、戦後日本の放課後活動支援に関しては、障害の有無にかかわらず、すべての子どもの放課後活動の充実の保障という観点、インクルーシブな地域生活の実現に向けた観点から、政策に基づく制度整備はなされてきませんでした。そのため、障害を理由に放課後児童健全育成事業（放課後児童クラブ）の申請が認められない事例も生じてきました。第 1 章で「障害児通所支援に関する検討会報告書」において、インクルージョンの推進が示されたことが指摘されるように、今日ようやく制度整備に向けた歩みが始まった段階です。今後この歩みを加速させるためにも、障害児の放課後活動を豊かにしていくため、インクルージョンを進めるための議論を活性化していくことが求められるといえるでしょう。

【引用・参考文献】
池田英郎（2012）学齢期の障がい児の地域生活・放課後支援政策―地域から創るソーシャルインクルージョン―. 龍谷大学大学院政策学研究, 1, 21-38.
泉宗孝（2019）放課後等デイサービスを中心とした障害のある子どもの放課後生活保障の動向. 新見公立大学紀要, 40, 51-58.
植木信一（1998）学童保育の発展と児童福祉法改正. 県立新潟女子短期大学研究紀要, 35, 23-34.
牛木彩子・定行まり子（2020）障害児の放課後支援の変遷. 日本女子大学大学院紀要家政学研究科・人間生活学研究科, 26, 29-36.
近江宣彦（2004）東京都における学童保育の史的展開に関する考察―1950 年～1960 年代前半を中心に―. 長崎純心大学・長崎純心大学短期大学部, 幼児教育, 19, 2-24.
木村敦子・李木明徳（2006）障害のある子どもの放課後支援に関する考察（2）. 広島文教女子大学, 広島文教女子大学紀要, 41, 57-70.
小宮山繁・山下浩二（1988）障害児のサマースクール. 藤本文朗・津止正敏（編）放課後の障害児, 青木書店, 84-100.
斎藤次郎（1983）放課後の子どもたち. 岩波書店.
猿渡智衛（2021）教育福祉事業としての新・放課後子ども総合プランのあり方に関する一考察―鎌倉市「放課後かまくらっ子」事業を事例として―. 青少年教育振興機構青少年教育研究センター紀要, (9), 40-49.
白石正久（2007）障害児がそだつ放課後. かもがわ出版.
全障研全国大会放課後保障と地域での生活分科会グループ（2001）地域からの報告障害児学童保育的活動（障害児対象の学童保育）全国実態調査報告. 障害者問題研究編集委員会（編）障害者問題研究, 29 (1), 62-67.
田中謙・渡邉健治（2011）戦後日本の障害幼児支援に関する歴史的研究―1950 年代～1970 年代前半の幼児グループの役割を中心に―. 日本特別ニーズ教育学会, SNE ジャーナル編集委員会(編)SNE ジャーナル, 17(1), 105-128.
津止正敏（1992）障害児の地域活動と地域福祉. 藤本文朗・三島敏男・津止正敏, 学校五日制と障害児の発達, かもがわ出版, 148-162.
藤本文朗（1988）障害児の発達保障と社会教育. 藤本文朗・津止正敏（編）放課後の障害児, 青木書店, 186-210.
松浦俊弥（2018）障害児等の放課後支援研究―学校・放課後支援の連携の現状と課題から―. 淑徳大学社会福祉研究所総合福祉研究室, 総合福祉研究, 22, 81-93.
三根佳祐（2011）わが国における放課後児童対策の展開. 大阪経大論集, 62 (2), 151-168.
茂木俊彦・田中島晃子編（1989）障害児の学童保育. 一声社.
森川鉄雄（2011）全国放課後連の運動. 障害のある子どもの放課後保障全国連絡会, 障害のある子どもの放課後活動ハンドブック, かもがわ出版, 159-171.
山根希代子・前岡幸憲・北山真次・内山勉・金沢京子・米山明・光真坊浩史（2020）放課後等デイサービスガイドラインを用いたサービス提供の実態把握のための調査. 脳と発達, 52 (5), 311-317.
山本佳代子（2016）北九州市における放課後等デイサービス事業所に関するアンケート調査. 西南女学院大学紀要, 20, 43-51.

第２部

放課後を豊かにする
放課後等デイサービスなどの取り組み

●●●特別支援学校小学部児童への取り組み●●●

一般社団法人ラペネヌーテ　かもみーるところざわ

1　事業概要

　肢体不自由、知的障害や発達障害、自閉症など障害のある小学校１年生から高校３年生までの児童生徒を対象とし、学校の授業終了後（放課後）や長期休業中などに療育を目的に通うことのできる埼玉県指定の放課後等デイサービスの施設です。

　一人一人の個性に合わせた療育プログラムとイベントとして行う公共施設への外出、講師による体操やフラダンス等、利用者全員で楽しめる活動を取り入れ、将来の社会生活に向けた機能回復と自立を実現しようと支援する放課後等デイサービスの事業所です。

2　対象児の概要

　埼玉県と東京都の特別支援学校から通所する児童生徒が大多数で、特別支援学級からの利用者は１割程度です。

　平日は、学校に送迎車が迎えに行き担当の教員と体調などについて簡単な引継ぎを行い、事業所に到着後は、17：00 まで各自療育プログラムや塗り絵、絵描きなど好きな活動をして過ごします。

　学校休業日と祝日は、10：00 ～ 17：00 までサービスを提供しており、個別の療育プログラムの他に、外出や行事（体育的・文化的活動）を通して社会とつながる活動や集団で交流する活動を行っています。

3　対象児への実践事例（エピソード）

　対象児が通う特別支援学校高等部の先輩が、進路指導の一環として働く体験（現場実習）を経て、当事業所に就労しました。先輩が利用者としてではなく社会人

として事業所に来て働く姿に、小学部の児童にとっては、遠い将来の「働く」ことを身近に意識することができた貴重な機会となりました。

4　日々の活動、特徴的な活動

　利用者は児童が多いため、平日は、塗り絵や絵描き、季節の行事にちなんだ創作活動等をして過ごしています。

　学校休業日と祝日は、外出やイベントの開催があります。外出は、事業所近辺の博物館や大きな公園などに行くことが多く、イベントは、地域の方が講師となり月1回リズム体操や遊びながら体を動かす体操を行っています。元職員が講師として子どもたちにフラダンスを教えるイベントも含めて、体を使う活動は子どもたちから大人気となっています。

　これらの活動の様子は、「見えない時間を見えるように」という理念のもと保護者にSNSを通じてリアルタイムで発信されています。

5　インクルージョンの取り組み

　毎年2回出掛ける立川防災会館では、普段は経験できない煙体験、起震車体験、そして震災について分かりやすくアニメーション化したシアターを見て過ごします。

体づくり体操

消防署と連携した避難訓練

　前が見えない煙だらけの空間で頭を低くして前に進んだり、揺れている中、必
死にテーブルの脚に掴まって身を守ろうとしたり、職員の手をぎゅっと握って真
剣に体験し、自助について学ぶことができる体験の場となっています。

　その経験と合わせて地域の消防署と連携した避難訓練を実施して、防災につい
ての意識を高めています。保護者にも参加を呼びかけ「自助・共助・公助」の連
携で利用者の災害リスクや被害を軽減しようと働きかけています。

特別支援学校小学部児童への取り組み

株式会社たまみずき　たまみずき清瀬

1　事業概要

「あらゆる個性が花ひらく社会をつくる。そのための架け橋となる。」を理念に家族への支援と地域に密着した活動を大切に東京、埼玉、北海道に事業所を展開しています。それぞれ共通した活動もあれば、その地域でないとできない特色のある活動を行っています。複数事業所を手掛ける強みを生かして季節のイベント活動では、各事業所が連携して利用者や家族そして地域との交流活動等が充実しています。

たまみずき清瀬は放課後等デイサービス事業所です。学校でがんばってくる子どもたちにとって、ほっとできる楽しい場所になるよう、また自立に向けてという視点から、日常動作の中でできる事を増やす、集団でのルールを守る事も意識しながら子どもたちの療育を手助けしています。

2　対象児の概要

特別支援学校、特別支援学級の児童が通所しています。不登校の児童が日中の活動場所として利用しているケースもあります。

児童は、事業所に到着後、学校の宿題をしたり自分の好きな活動をしたりして過ごしています。レクリエーション（ゴルフゲーム、鬼ごっこなど）、ひかりあそび（真っ暗にした療育室の中で光るおもちゃを使って光を楽しむ）、買い物、料理、お菓子作り、季節の活動（お花見、お芋ほり、ハロウィンイベント）は子どもたちが大好きな活動です。

③ 対象児への実践事例

【バザー】毎年開催しているバザーは、都内の事業所から子どもたちやその家族が集まって地域の人たちと一緒に実施しているイベントです。小学部の児童も中学部の先輩に助けてもらいながら、仕分けや値付け、衣服整理などの手伝いをして貴重な仕事体験の場となっています。

【農業体験】事業所の近くにある農家の畑で玉ねぎやじゃがいもなどを収穫する農業体験では、収穫した野菜を事業所でカレーや芋もち、お菓子などにして旬を味わうことができます。地域と密着した活動により子どもたちが社会とつながる場が広がり、障害のある子どもたちを知ってもらう機会となっています。

④ 日々の活動、特徴的な活動

【たまみずきフェスティバル①】

　地域のホールを貸し切って障害の壁をなくす音楽イベント「たまみずきフェスティバル」を開催しています。障害のある子どもたちとプロフェッショナルなクリエイターが一緒に音楽に触れたり、子どもたちの描いた絵がオリジナルストーリーのアニメーションになったり、子どもたちと音楽、演出、脚本家、それぞれのトップクリエイターがコラボレーションして作り上げる特別なフェスティバルです。オリジナルストーリーで、プロの声優の朗読にすっかり心を奪われた子どもたちが声優を目指すようになり、今では声優として活躍しています。

⑤ インクルージョンの取り組み

【たまみずきフェスティバル②】

　自閉症や発達障害といわれる子どもたちの中には、じっと座っていたり静かに音楽を聴いていたりすることが苦手な子もいます。だからといって音楽が嫌いなわけでなく、その子なりの楽しみ方で聴いています。

　このフェスティバルは、大きな会場でもっと自由に音楽や芸術を楽しんでもらいたい、そして子どもたちとその家族、そこで暮らす地域の人たちを結びつけたい、その思いが結実したイベントです。

始まりは小さなクリスマスコンサートでしたが、活動を多くの人に知ってもらうためにクラウドファンディングで資金提供を募り、規模を広げ、少しずつ興味をもった人、応援してくれる人たちとつながり、多くの支援をもらうことができました。そして現在のような大きなフェスティバルを企画、開催できるようになりました。これからも障害者と健常者の壁をなくすために、まだまだこのプロジェクトは広く大きく続いていきます。

たまみずきフェスティバル

特別支援学校 中学部・高等部生徒への取り組み
株式会社　ベストサポート

1　事業概要

　重度知的障害児・者の支援施設を千葉市若葉区の JR 都賀駅を中心に展開しています。13 年前に児童デイサービス（今の放課後等デイサービス事業）からスタートしました。当時は、児童系のサービスがほぼなく、学校への送迎車も私たちの法人のみでした。時が経ち、放課後等デイサービス事業所は千葉市内で 140 か所を超えており、学校では、送迎を待つ各社の車で溢れています。

　法人のビジョンである「ありのままにそのままに　みんながつながり支え合える社会」を掲げ、「新たな福祉の挑戦は地域から」のミッションのもとに様々な挑戦をしています。支援する側、される側にグラデーションをかけるべく、支援と共に、町づくりにも取り組んでいます。実施している事業については、以下のとおりです。

【法定内事業】
●児童発達支援事業
●放課後等デイサービス事業（２か所）
●生活介護事業（２か所）
●相談支援事業
●訪問介護事業
●短期入所事業
●共同生活援助事業（グループホーム）

【法定外事業】
●社会的養護下アフターケア事業
●飲食事業（生きにくい若者の中間就労）
●電気通信事業（生活困窮者等のための携帯電話事業）
●つながる事業（町づくり）
●つたえる事業（普及啓発）

　また、昨今、よく目にする地域共生社会などの「地域」のワードについては、独自のこだわりをもっています。わが町の、町とは何を指すのか、です。市なのか、町なのか、コミュニティなのか、何を指して使っているのか。これを確実に言語化できている施設は少ないように思います。例えば、人口 600 万人の千葉県か、人口 98 万人の千葉市か、人口 15 万人弱の若葉区か、人口 2,400 人の自治会

か。我々は、若葉区にある JR 都賀駅周辺 2 キロ程度に住む<u>住民 15,000 人程度</u>を「地域」としています。一方で、事業対象地域は、千葉市全域、人口 98 万人を対象としています。この定義を明確にしながら「地域共生社会」に取り組んでいます。

2 対象生徒の概要

　放課後等デイサービス事業所 2 か所（バンブーアイランド、バンブー next）で契約者数 67 名、利用状況は平均週 3 回利用です。契約者数の所属割合は、特別支援学校（4 校）で 8 割程度、残り 2 割は特別支援学級です。所属児童生徒の障害種別は知的障害と自閉症を併せ持つ者が 9 割であり、そのうち行動障害が強い児童は 5 割です。

3 対象生徒の実践事例

（1）高等部生徒のアルバイト

　児童部門は世代ごとの当たり前を目指しています。障害児は、障害があるゆえに「人生が割り引かれている」との話をご家族から聞きます。例えば、世間の高校生の長期休暇の過ごし方の一つに「アルバイト」があります。ある求人広告会社によると、高校生の長期休暇中は、約 6 割の子どもがアルバイトをしているとの調査結果でした。一方で、障害のある子どもたちはと言うと、放課後等デイサービスで「遊ぶ」を中心に過ごしているのみでした。「世代ごとの当たり前」を掲げる我々としては、「やるしかない」との思いから 11 年前の夏休みから障害がある高校生向けに「アルバイト」の機会提供を始めました。地域の企業にお願いし、時給でお給料をいただく仕組みです。スタート時は多くの改善を求められました

が、何より参加する生徒のやる気に、この活動の必要性を強く感じ、これまで続けてきました。お給料をもらい、そのままお買い物に行くことで、「働く」が「欲しい物」に変わる体験をしてもらいました。お金の価値が伝わっていない生徒も多かったですが、自分の欲しい物が手に入る経験はすぐに定着しました。シャンプーにこだわりのある生徒が、アルバイトで買った「T（商品名）」のシャンプーに嬉しさを感じ、次のアルバイトの日に事業所に登所した際、「P（商品名）」を購入したことを得意げに見せてきました。働くことに対して動機付けになっていることを確信しました。こうした事例は沢山あります。

　また、別の生徒Aさんは食に興味が強く、散歩等をしていても食べ物があるお店が近くにあると立ち止まったり座り込んでしまいます。今年の夏休みに初めて参加したアルバイトでポスティングをしていた際に、途中でスーパーマーケットを見て買い物に行きたくなってしまいました。職員が「お仕事頑張ったら」と伝えると与えられた仕事を最後まで頑張れたのでした。

（２）中学部生徒の夏休みのイベントとお仕事体験

　児童部門は世代ごとの当たり前を目指しています。障害児は、障害があるゆえに「人生が割り引かれている」との話をご家族から聞きます。（１）の事例のように、世間の高校生の長期休暇の過ごし方の一つに「アルバイト」があります。同様に小・中等部の子どもたちも多くの機会を与えられてきませんでした。

　（１）の高等部の子どもたちに「アルバイト」の機会を提供している話と同様に、中学部の子どもたちにはその前段の「お仕事体験」を地域のバナナジュース屋、古着屋等の力を借りて実施しています。まだまだ「仕事」と呼べる作業にはなっていません。むしろ、彼らを見ていると「遊び」に近いように感じます。それでもお客さんや地域住民の方々と挨拶などを通してコミュニケーションを図っており、療育的効果を感じるものでした。

　「障害児」や「障害者支援施設」での活動のみでは、上記の効果は得られません。大切なのは一般社会からの隔離でなく、擦り合わせ、照らし合わせをし、「障害」とそうでない世界と分けられている境界線にグラーデーションをかけることです。

　また、子どもたちにとって夏休みは「パラダイス」です。海に、プールに、お祭り…どれも心が躍ります。そして、それは大人になっても良き思い出として色濃く残っているものです。しかし、障害児にはこうした機会に対して、制限がかかります。理由の大半は「危険」だからです。海やプールの遊びは水の事故として毎年ニュースになります。障害児の場合、動きの予測がつけにくいことに加え

て、てんかんなども加わります。当法人では毎年海へ行く活動がありますが、過去にはドクターヘリを呼んだこともあります。この時の事故も予測不可能なてんかん発作でした。しかし、危険だからと言って人生の「楽しみ」を奪って良いのでしょうか。何度も議論し、対策をしながら活動を続けてきました。海から上がると海の家で「ラーメン」を食べます。沢山遊んだ後のラーメンやカレーは格別です。多くの子どもたちは障害が重く、言葉が不明瞭であるために言葉としては確認できないものの、笑顔を含め、彼らの全身で表す喜びは私たち大人から見ても明らかです。帰り道は車の中でぐっすりと眠る子どもを見るのは支援者の喜びです。また、沢山遊び疲れて家に帰り、よく眠ることはご家族の負担軽減にもつながっています。お祭りやキャンプ、花火、バーベキューも同様のことが言えます。

　このように障害を理由に制限されてきたことは、沢山あります。意思決定支援がクローズアップされる昨今ではありますが、選択肢を見せずに意思の決定はできません。そう考えると私たちに課せられた仕事は、安全に過ごしてもらうことではなく、沢山の挑戦ができる機会の提供であります。ある児童が、自分の好きなこと（現時点で）をやりたくて、こちらが提供した活動を嫌がりました。ところが、実際に活動を行うと楽しかったのか、終始笑顔でした。むしろ誰よりも積極的に参加していました。この後、この児童はこちらの誘うものには進んで参加していました。もしかすると、経験がなく「不安」が強かったのかもしれない、とも考えられます。ところが、やったことがないものでも「楽しかった」経験をしたからこそ、チャレンジする姿勢を常にもつことを身に付けたようにも思えました。

4　日々の活動、特徴的な活動

　「世代ごとの当たり前」を追求するために多くのことに挑戦してきました。例えば、旅行などです。最初は1泊2日で千葉県内、次に2泊3日で新幹線にて大阪へ。2泊3日が可能なら次は飛行機で沖縄へ。飛行機で2泊3日が可能であれば、次は海外へ、と活動を広げてきました。このような旅行の例は活動を徐々に広げていくという意味で特徴的な取り組みですが、このような考え方で他の多くの活動に取り組んできました。

　また、地域共生社会、インクルーシブな視点を大切に活動を展開してきました。どの施設も「地域」を掲げていても、「地域」の中にあるだけで障害者だけを集めた施設のみで活動しているところが多く見られます。当法人では、地域住民と

の Face to Face を大切に、障害のある人たちと地域住民が交流できる機会を作ってきました。クリスマスやハロウィンは地域住民と共に祝い、防災訓練もご一緒させていただく。イベントごとはもちろんのこと、日常的に挨拶し合える関係づくりを大切にしてきました。

5　インクルージョンの取り組み

（１）地域社会への参加・包摂

①市内にある科学館等に子どもた
　ちと出かけ、体験の機会を増や
　したり、地域内にあるカラオケ
　やボウリング場で遊ぶなどして
　います。

②地域共生社会を目指し、地域住
　民の「つながる場」として、毎
　年西都賀３、４丁目自治会の拠

点である中広公園にて「バンブーフェスタ」の名でお祭りを実施しています。毎年 500 名程度の参加者がおり、賑わっています。

（２）地域からの受け入れ、情報発信

①社会福祉の実習生及び周辺大学からの看護学生や保育士を目指す学生の実習受け入れ先として施設を提供しています。また、周辺大学の授業にて「地域共生社会」のテーマで講義を実施しています。

② YouTube チャンネルやインスタグラム等を運営し、施設を展開している JR 都賀駅の半径２キロ圏内の飲食店情報なども発信しています。

重症心身障害児・医療的ケア児への取り組み

重症心身障害児者支援事業所

1 事業概要

　この事業所は、重症心身障害児や医療的ケア児の生活介護・通所支援・訪問型支援サービスを行っている通所支援の事業所で、数年前に近隣の特別支援学校に在籍している重症心身障害の児童生徒の保護者と、同じ地域にある病院の医師と理学療法士が中心となって立ち上げた事業所です。この事業所には、児童発達支援管理責任者・サービス管理責任者、看護師、理学療法士、児童指導員、管理栄養士、介護福祉士、保育士の資格を有しているスタッフ（常勤・非常勤）がいます。また、事業所には診療所が併設しているため、比較的体調が変化しやすい重症心身障害のある子どもたちも安心して過ごせる体制が整っています。その他、事業所内にシャワー浴ができる特殊浴槽を設置されているため、利用者の多くが入浴サービスを利用しています。

　事業内容は、児童を対象とした福祉サービスとしては、児童発達支援、放課後等デイサービス、保育所等訪問支援を行っており、成人を対象のサービスは生活介護で、これらのサービスの1日の利用可能な人数は10名です。このうち、放課後等デイサービスの利用者については、主に近隣の特別支援学校に通う重症心身障害の子どもたちです。

　事業所の理念は、重症心身障害児者や医療的ケア児者とその家族が当たり前に暮らすことができるように支援をするといった「寄り添い、支える」を掲げています。

2 Aさんの概要

　特別支援学校小学部の重症心身障害の女児で、重度の知的障害と重度の肢体不自由が重複している大島分類1に該当しており、寝たきりの状態で過ごすことが多い児童です。上肢・下肢ともに自力で動かすことが難しいですが、手指につい

ては自発的にわずかに動かせる指もあります。視ることよりも聴くことが得意なので、音楽などを聴くことが好きです。笑顔など表情も豊かですが、情動が高ぶると筋緊張が高まってしまい、体を反らせてしまうことが多いです。生活動作については全介助が必要で、食事については経口摂取できますが、体調等で経口摂食が十分に行えない場合は経管栄養を行っています。

事業所の利用状況については、放課後等デイサービスを週に 4 ～ 5 回程度利用しています。

③　対象児への実践事例

　事業所での A さんへの支援については、長期目標は「集団や個別活動、リハビリを通して楽しいと思える活動を増やしていく」、短期目標は「体調に応じて、入浴、リハビリ、食事（おやつ）等のサービスを安心して受けることができる」としています。放課後等デイサービス利用時の A さんの活動は、入浴サービス、リハビリテーション、個別の活動を主に行っていて、他の利用者の入浴やリハビリテーションの実施状況によって、その日に実施する活動の順番が異なっています。

　入浴については、A さんの身体の成長により、抱きかかえることが大変になってきていますが、定期的に入浴を行うことで清潔な状態を保つことを目標にしています。入浴の際、A さん自身に過敏さがあるため、洗体、洗髪時に生ずる刺激に注意しています。

　リハビリテーションについては、「姿勢や動きのバリエーションを増やし変形や拘縮の悪化を予防する」ことを具体的な目標としていて、筋緊張の調整、関節可動域の訓練、姿勢に関するケア、抗重力位での身体活動を実施しています。

　個別の活動については、A さんが能動的に行うことができる活動を増やし、達成感や満足感を得ることを目標としています。活動の具体的な内容としては、スイッチ操作により動いたり光や音が鳴るおもちゃを使って、おもちゃの動きや音を楽しむことに加えて、自分自身がスイッチを操作することによっておもちゃが動くといった、手を目的的に使用して活動に参加することへの気づきを促したり、特に苦手としている視知覚機能への発達を促す活動を行っています。

　その他、おやつについては基本的には経口で摂取していますが、体調がよくない時など経口での摂取が難しい場合には経鼻チューブにより摂取しています。

4　日々の活動、特徴的な活動

　放課後等デイサービスを利用している児童生徒は、事業所の近くの特別支援学校または特別支援学級に在籍しており、下校時に事業所が各学校まで送迎サービスを行っています。事業所からの帰宅については、この市内では移動支援が車等の移動手段の提供を含まない付き添いの支援となっていることから、事業所に保護者が迎えに来ています。

　日々の活動では、事業所内に特殊浴槽があるため、放課後等デイサービスを利用している児童生徒全員がシャワー浴をしています。また、理学療法士が常駐しているためリハビリテーション（機能訓練）も全員が受けています。これらシャワー浴とリハビリテーションは一人ずつ行うため、集団活動を組むことが難しく、これ以外の活動は、個々の支援目標に沿った個別の活動を行っています。放課後等デイサービスで過ごしている間におやつと水分補給を行っていて、子どもの実態により経口での摂食や水分補給をしている場合もあれば、経管栄養によって行っている場合もあります。

5　インクルージョンの取り組み

　地域活動については、事業所を利用している重症心身障害児の保護者が中心となって活動している余暇活動サークルの支援スタッフとして、事業所スタッフの数名がこのサークルに関わっていることから、事業所としては特に事業所外での活動を行っていません。

　重症心身障害の子どもたちは、医療的ケアを必要とする場合が多く、看護師などの医療スタッフなどの人的資源だけでなく、活動環境にも配慮が要されるため、様々な利用者と活動の場を共にするための工夫が必要になります。しかし、看護師が常駐している、主に高齢者を対象とした福祉事業所の中には、重症心身障害児や医療的ケア児を対象としている事業所もあり、重症心身障害児・医療的ケア児と高齢者と活動を共に行っています。重症心身障害児や医療的ケア児は、障害や病態のために活動への配慮が必要な場合が多いですが、地域と連携して安心・安全であるインクルーシブな取り組みを進めていくことが望まれます。

119

特別支援学級児童への取り組み
すまいるスクール

1　事業概要

　「すまいるスクール」は、学校施設を活用して安全な居場所を提供する品川区の「全児童放課後対策事業」です。国の施策である「新・放課後子ども総合プラン」として、「放課後児童クラブ」と「放課後子ども教室」を一体的に運営しています。ここでは、通常の学級や特別支援学級の区別なく、同じ時間を共に過ごす中で、クラス・学年を超えた様々な交流や、地域ボランティアの方々との出会いが生まれます。学校とも連携し、遊びと学びを通して子どもたちの成長を育み、見守っている区独自事業です。利用対象者は、品川区立小学校・義務教育学校（前期課程）に在籍する児童のほか、特別支援学校及び各種学校に在籍する児童です。月曜日から土曜日まで利用することができ、利用時間は、学校がある日は放課後～午後7時、学校が休みの日は午前8時15分～午後7時となっています。

　活動は、フリータイム（クラスや学年を超えた子どもたちが、共に遊んだり、読書したり、学習したりと自由に過ごす時間です。活動場所は、すまいるスクールのスペースのほか、校庭や体育館などです。）、学習タイム（宿題や自主学習をする時間）、教室・イベン

図1　業務日誌の例

ト（日本の伝統芸能やスポーツ、音楽、ものづくり教室など様々な教室が地域ボランティアやPTAの協力で行われます。発表会やお楽しみ会などのイベントもあります。）、地域貢献・交流活動（近辺での地域活動や高齢者施設訪問、幼稚園・保育園との交流なども行っています。）など、盛りだくさんです。

指導員体制は、現場責任者（区職員）と業務委託先の指導員で構成され、業務日誌（図1）が学校管理職にも回覧されるなど、学校との情報共有や連携も円滑です。なお、特別な配慮を有する児童も安心して利用できるよう、通常の指導員体制に加えて特別加配（対象児童の実態に応じて指導員を加配）による手厚い指導員体制により、多くの特別支援学級児童が利用しています。

2 対象児の概要（実態、利用状況を含む）

特別支援学級に在籍する小学3年生のAは、いつもニコニコと笑顔の素敵なダウン症の男児です。自分の思いを相手に伝える際に、言葉によるコミュニケーションだけで伝えることが難しい場面で相手をひっかいてしまうことがあるなど、場面に応じた適切な対応手段を広げることを学校生活では目的の一つにしています。入学当初のAは、二語文での主張が多かったのですが、話型の見本をとりいれた学習の積み重ね等により、3年生となった現在は「〇〇先生、××を△△してください。」と、自分の思いを相手に言葉で円滑に伝えられるようになるなど、著しく成長しています。この成長は、特別支援学級での学習や交流及び共同学習だけでなく、放課後等デイサービスでの活動のほか、「すまいるスクール」

学校生活支援シート
（個別の教育支援計画）

本人・保護者	ふりがな / 本人氏名		性別 / 男	生年月日	H　年　月　日生	8 歳
				保護者氏名		
	住　所					
	電話番号			（愛の）手帳	3度	（　年　月交付）
	教育ニーズ	身辺自立、粗大運動、指先の巧緻性、言語活動のスキルアップ				
在籍校	品川区立 A 小学校　〇〇学級 3年			学級担任		
	住　所			電話番号	ファクシミリ	
前籍校等				学級担任	電話番号	

現在・将来についての希望	
本　人	おすし屋さんになりたい。
保護者	本人が楽しく過ごせれば。友達をひっかくので、友達との距離をとってほしい。

支援の目標
・食事をこぼさないように皿を持って食べる。
・平仮名で書くことができる字を増やす。友達と楽しく会話する。

必要と思われる支援（合理的配慮を明記すること）
・給食時、学校のスプーン、フォークを毎回用意する。
・五十音表を手元に置いて見て書く。難しい場合は、点結びやなぞりで書く。

在籍校の支援
・授業に興味や関心のある具体的な活動を多く取り入れ、積極的に学習に取り組めるようにする。3年生との交流学習を継続指導する。
・遊びを指導し、友達と関わりながら言葉を促していく。担任、支援員が側に付き添ったり、見守ったりして、安全面に注意する。

支援機関の支援				
通級指導・特別支援教室等の利用（無）	通級指導学級・特別支援教室拠点校	支援開始　年　月	担当者：	連絡先：
	支援内容等：			
家庭生活	支援機関：			
	支援内容：			
	支援機関：			
	支援内容：			
余暇・地域生活	支援機関：	すまいるスクール A	担当者：	連絡先：
	支援内容：			
	支援機関：	ちびっこタイム品川	担当者：	連絡先：
	支援内容：	身辺自立など		
医療・健康／教育相談等	支援機関：	成育医療研究センター　耳鼻科	担当者：	連絡先：
	支援機関：	北療育医療センター　眼科	担当者：	連絡先：
	支援機関：	北療育医療センター　城南分園　装具	担当者：	連絡先：
	支援内容：			

支援内容の評価と課題

支援会議の記録（予定も含む）		
日時	参加者	協議内容・引継事項等

作成日　令和〇年　〇月　〇日　<新規・更新（　2回）>
品川区立 A 小学校長
作成担当

私は、以上の内容を了解し確認しました。
令和　年　月　日　氏名

図2　学校生活支援シート（個別の教育支援計画）の例

での障害有無や学年を超えた諸活動によって支えられていると考えます。学校と保護者で共有する学校生活支援シート（個別の教育支援計画）（図２）や個別指導計画の情報は、保護者を通じて「すまいるスクール」やサービス事業者に情報提供され、事業者等から学校に相談等があった場合は連携をしています。

　Ａは、月〜金曜日までのうち、週１日だけ放課後等デイサービスを利用していますが、それ以外の週４日は「すまいるスクール」で過ごしています。また、土曜日や長期休業期間中（夏休み等）も「すまいるスクール」を利用しています。

　Ａの保護者は、特別支援学校や特別支援学級の児童だけでなく、通常の学級の児童と一緒に過ごす環境を支える「すまいるスクール」に多くの期待を寄せています。なお、利用対象が児童までのため、中学生以降の放課後の居場所に関する不安があり、将来は地域の児童センターを円滑に利用できるようになることを願うとともに、指導員と一緒に交流に参加できる機会の充実を望んでいます。

③ 対象児への実践事例（エピソード）

○ウクレレ教室やフライングディスクなど、障害の有無を問わずに一緒に楽しむ経験

　指導員の見守りと必要な場面での支援により、学年や学級の区別なく、多様な児童と同じ場で一緒に放課後活動をＡは楽しめています。Ａと一緒に遊ぶことを通じて、通常の学級に在籍している児童が友だちに優しく接することや多様性に関する理解が自然に広がるなど、インクルージョンな放課後活動となっています。

○指導員が間に入って、適切な距離感や交流を支援

　友だちをひっかいてしまう課題についても指導員と担任で情報を共有し、まずはＡと他児の間に大人が入るなどの見守りからスタートし、必要に応じて介入することから自然に共生できる環境を大切にしてきました。日々を一緒に過ごすなかで、少しずつ大人が介入する度合いや場面は減り、児童全体が成長しています。

○トイレトレーニング
　（定時排泄、ズボンを足元までおろさずに用を済ませる等）

　「すまいるスクール」を利用したばかりの１年生の頃のＡは、排泄の自立がまだ未確立な状態にあり、オムツを使用している実態でした。そこで、小学校特別

支援学級の担任と連携を図り、学校生活と同様に定時排泄の声掛けなど自立への支援を継続し、３年生となった現在はズボンを足元まで下げずに自分だけで立位でトイレを済ませることができるようになっています。

④ 日々の活動、特徴的な活動

一日の流れ

○すまいるスクールに参加：放課後は帰宅せず、直接参加

⬇

○フリータイムや教室・イベントに参加（インクルージョンな状態）
　フライングディスク、ブロック遊び、読書、囲碁、ウクレレ教室、etc

⬇

○家庭で決められた時刻に帰宅
　５時過ぎの時間延長利用児童には間食の提供あり
　６時過ぎの帰宅は保護者等（高校生以上の方）のお迎えが必要

特徴的な活動　　地域貢献・幼保交流活動

○地域センター主催のゲートボール大会に参加して、地域高齢者と交流
○地域の高齢者施設への訪問（歌や折り紙プレゼント）
○児童センターの遊びに指導員と一緒に参加（４年生以上）
○地域の幼稚園・保育所等の幼児との交流

●● 通常の学級の児童生徒への取り組み ●●

社会福祉法人せたがや樫の木会　プレイ＆リズム希望丘

1　事業概要

　プレイ＆リズム希望丘は知的障害児者親の会の活動を母体にした法人による運営で、発達に不安のある小中高生を対象とする放課後等デイサービス、及び未就学児の児童発達支援を多機能で行っています。利用児童は知的障害児70％・発達障害児22％・重症心身障害児５％・医療的ケア児３％となっており、放課後等デイサービス利用児童の大半が特別支援学校に通っています。定員は20名で、児童発達支援は５名・放課後等デイサービスは15名のグループ療育となります。子どもが社会に出ていく時に身に付けておきたいスキル（身辺自立・コミュニケーション・対人関係など）を個々の発達段階に応じた支援プログラムにより提供しています。放課後等デイサービスでは、主に特別支援学級及び通常学級の子どものグループを週１日だけ設けています。

2　英さんの成長

　英さん（仮名）は区立小学校（通常学級）、区立中学校（通常学級）を経て現在私立高校３年生。水頭症による知的障害のため愛の手帳４度を所持しています。プレイ＆リズム希望丘には小学校１年生の時から週１日通所。小学校低学年の頃は物静かで、一斉指示の理解もゆっくり。集団の中でどこか自信の無さを感じられる男の子でした。高学年になり、人柄の良さ、４人きょうだいの長男としての面倒見の良さ等が徐々に出せるようになり、プレイ＆リズム希望丘でもいつの間にかグループの盛り上げ役になっていました。学校でも運動会で応援団に入るなど積極的な姿が見られるようになり、嬉しい成長をご家庭と共有していました。英さんが中学生になると、同い年のお友達と他愛ない話をしてその年頃の男の子らしい姿を見せる一方で、小学生を誘って皆でドッジボールをしたり、時には集団に入れない子の傍らに寄り添ったりと、ますますリーダー的な存在になってき

ました。英さんが高校に入学する直前の個別支援計画作成時に、将来はどんな仕事がしたいか考えている？と聞いてみたところ、プレイ＆リズム希望丘のスタッフのような仕事がしたい、という答えが返ってきました。小さい子どもと一緒に遊んだりお世話をするのが大好きで、頼られるのは嬉しいしやりがいを感じるとのこと。それなら学校がお休みの時に、児童発達支援のグループで実際にボランティアをしてみよう、という話になり、英さんの支援は新しいステージに進みました。

3　英さんの高校時代の支援

　英さんは高校入学と共に平日は通えなくなり、週末のグループに移動しました。週末のグループは、個別対応の必要な重度の子も多いグループなので、英さん本来の課題と合ったグループではないのですが、支援者側を体験するという支援目標があるので、関わり方に色々な個性がある子どもたちのグループに入ってもらうことにしました。この通常利用の他に、学校が休みの時などに午前中の児童発達支援のグループでボランティアを始めました。

　児童発達支援のボランティアでは、一度に沢山のことを伝えすぎず、基本的には良くできていた姿を後からフィードバックしていくという接し方をしていました。英さんは私たちが予想していたよりずっと、スタッフの日頃の動きをよく観察しており、子どもたちへの個別の声かけや、課題が始まってからの子どもとの距離感など、しっかりイメージして取り組んでいるようでした。

　実際の利用日である週末の放課後等デイサービスでは、時々ボランティアの振り返りの時間を設けていました。児童発達支援はどのような事業なのかという基本的なことから、この課題を行った意味、英さんの関わり方がなぜ良かったのか、などを振り返ります。現場ではなかなか良い動きを見せる英さんですが、何が良かったのか、なぜそれが必要だったのか、など振り返って質問に答えることには苦戦します。大事なところは必要に応じて英さんがノートを取ったり、私たちがプリントにしたりして目に見える形にしていきました。また、時々は週末の放課後等デイサービスで関わっている子たちの"個性"についても伝えていきました。通常学級や特別支援学級に通っている子は特に「障害」という言葉に敏感です。当事者であり、思春期真っ只中でもある英さんはどのように感じるのか、不安がない訳ではありませんでしたが、英さんは淡々と学んでいる印象でした。このよ

うな話ができるのも、小さい頃から通って大人との信頼関係ができていることと、何より英さんが理解ある環境で育ってこられたのだと、ご家族の取り組みに頭が下がります。

4　小学生から高校生までの 12 年間の継続的な支援

　英さんのケースのように、ご本人の将来につながるような支援が常に提供できるわけではありません。けれどもなるべく、高校生には将来どのような「働くビジョン」をもっているのかを聞くことにしています。子どもたちがイメージしやすい、日頃から愛用している玩具や本などの会社にお願いして、夏休みに見学に行かせて頂くこともあります。働くビジョンはもっていなかった子でも、たまたま会社見学の枠があったので参加してみたら働く大人の姿に刺激を受け、精神的な自立度がうんと上がる子もいます。なので社会に出ていくイメージを持って支援にあたることが、放課後等デイサービスでは非常に重要だと思っています。社会に出ていくために、何を身に付けていこうか、何が足りていないだろうかを考え、それを日々の活動に落とし込んでいく。どうしても、学校での落ち着きのなさ、授業を集中して聞けるか、他児とのトラブルなど目先の課題が目立ってしまいますが、ある時点からは学校卒業後を念頭に支援を提供するのが大切だと思っています。放課後等デイサービスは、小学校入学から高校卒業まで 12 年間も継続した支援を提供できるサービスではありますが、通常学級に在籍している子は進学のタイミングや部活動に専念するなどで高校卒業を待たずに辞めていくケースが多いです。学校で必要なサポートが得られ、学校が居場所となっているならもちろんそれで充分です。しかし学業を終えた先の、社会人となる長い人生をその人らしく生き生きと過ごす為の、必要なスキルは放課後等デイサービスで支援していきたい部分だと考えています。

日本の学校文化が「障壁」「障害」に なっている児童への取り組み

Satellite School MINANOHA @ 発達相談支援センター CORONOAH orange

1 事業概要

「学校には行きたいのに、どうしても行けない…」

「自分に行ける学校があれば行きたいのに…」

「学校に行ってはいるけど、とっても疲れる…」

ずっとこのままなのかな…

これから、どうすればいいんだろう…

なかなか、現状を打破する"突破口"が見つからない…

新しい一歩が踏み出せない…

…踏み出そうにも"選択肢"がない。

　そんな、今の学校文化に馴染みにくい子どもとその保護者の方を対象にした多機能型事業所（東京都指定事業：児童発達支援・放課後等デイサービス・保育所等訪問支援）です。

　"放課後"等デイサービスですが、「不登校」がキーワードになっている子どもたちが通えるように、以下のような時程で開所し、平日の日中から受け入れています。

【時程の例】

①10:00-11:30　子ども3名 ×メンター（スタッフ）3名　　#不登校 #未就学児
②12:30-14:00　子ども3名 ×メンター（スタッフ）3名　　#不登校 #未就学児
③15:00-16:30　子ども3名 ×メンター（スタッフ）3名　　#不登校 #未就学児
④16:30-18:00　子ども3名 ×メンター（スタッフ）3名　　#不登校 #未就学児
　　　　　　　　　　　　　　　　　　　　　　　　　　　#放課後

　そこで私たちは、『子どもとその子どもを取り巻く大人たちに"ココロのあそび"を提供する』を理念に掲げ、子どもたちが本来もちあわせている「知的好奇心」や「探究心」を存分に解放できる"心地のよい空間"を大切にしています。また、子どもたちの育ちに長期的な視点で寄り添い、将来に向けた一貫性のあるサポートを提供しています。

2　日々の活動、特徴的な活動

①子どもや保護者に「安心を貯めていく」という視点

　私たちの事業所には、学校や社会、特に大人や同年代に"不信"や"不安"の感情をもっている子どもが多く利用しています。また、その感情を保護者の方も抱いていて、誰にも相談できず社会的に孤立したケースも多く見受けられます。

　そこで私たちは、"基本的信頼×不信（参考：エリクソン　ライフサイクル論）"の発達段階に立ち戻り、『安心・信頼・遊び』を「積み直す・溜めていく・貯めていく」という視点からのアプローチを徹底しています。

② 伴走的なサポート体制　# 担当メンター制

　安心できる場所・空間になれるよう、1名の子どもに1名のメンター（担当）を配置しています。

　ラポールが形成された関係性から『安心』が貯まっていくと、子ども自身の"好きなこと"や"やってみたいこと""やりたくないこと"等の表出が始まります。その、イマの気分・気持ちから「あそび」「まなび」が始まり、活動が展開されていきます。

③ 子どものニーズに合わせた興味関心や『好き』から「あそび」「まなび」を展開

　担当者が活動内容や課題を提供する「課題提供型支援」ではなく、あくまでも子どものニーズに合わせて、「やってみたい」を実現できるようなサポートに徹しています。また、「やってみたい」が出てくるような"仕掛け"を行い、興味が湧くきっかけを創っています。

④子どものニーズに合わせた数種類の"クラス"の設定

1. 個別活動（月～土）：#一人ひとりの"安心"を育む1on1の時間
2. Satellite　School　MINANOHA（月～金）：#不登校の子どもたちの新たな「まなび（あそび）」の選択肢 # 新たなカタチのフリースクール
3. 出張！ あそびのアトリエ ズッコロッカ（月・火）：#ものづくり好きが集まる
　　https://zucco.mystrikingly.com/#home ←出張してくださっています
4. 創るを愉しむアトリエ イマジン（金）：#アート好きが集まる
5. In Room（低学年・中学年対象：火）／Off Room（高学年・中学生対象：金）：#仲間と"愉しい"を共有するグループ

　また、不定期で、近隣にある東京造形大学の学生さんたちと作りあげるアートな時間や、保護者の方が作ってくださった園芸部、焚き火の会（フィーカ）、ホースセラピー等、様々な活動を行っています。

その中でも、今回は、『2.Satellite School MINANOHA（以下 MINANOHA）』を紹介します。MINANOHA は、フリースクールの新たなカタチ「放課後等デイサービス型サテライトスクール」として、"あそび∞まなび" をテーマにした空間を展開しています。

　主な対象は、学校文化に馴染むのが難しいと感じる子どもや、その保護者です。一般的に、「不登校」とは、学校に行かなくなってから 1 年で年間 30 日以上の欠席をしている子どもを意味します。その不登校の中には、神経発達症、いわゆる発達障害の傾向があり、既存の学校集団では生き辛い子どもたちも多数含まれます。

　「不登校」という一括りの言葉の中には、一人ひとりの子どもがそれぞれに異なる理由で、学校文化と合わない現状が隠れています。私たちは、こうした「不登校」とされる子どもたちの声を一つひとつ丁寧に読み解き、それぞれの子どもたちの発達段階に応じた伴走を大切にしています。通常の教育的なアプローチとは少し違った角度からのアセスメントを行い、子どもを「立体的」に捉えた上で、個に応じた自律へのサポートを実践しています。

3 　対象児の概要（子どもの実態、利用状況も含む）

○Kさん（小2）のケース（キーワード：ADHD、過剰適応、過敏、不登校、家庭内パニック）
＜子どもの実態＞
　Kさんは幼稚園の頃から行き渋りがあり、園ではリソースルームを利用しての集団への調整参加をしていた。園では、弱みや辛さを見せない分、過剰適応による反動で、家庭内での癇癪やパニックが目立っていた。就学後も、授業中の待ち時間（担任の説明や板書時間）にじっと自分の椅子に座っている事に辛さを感じる。急な予定変更、行事、人前での発表等、集団内での過剰適応による疲労やストレス等の蓄積から、毎日登校することが困難となり不登校傾向になった。集団の中で「わからない。できない」という自分を出すことが辛い為、また欠席による教科学習の遅れが続き、「疲労は回復しても、出られる教科がない」という理由で、更に欠席日数は増えていった。
＜利用状況＞
　小1春から1日 90 分間の個別活動を週1のペースで開始。利用開始時も不安な様子は見られず、やりたいことや興味関心の表出が多々見られた。本当に自分がやりたいことよりも先に、感覚的に入ってきた情報に、自分が反応して、行動をする、という様子が特徴的で、終始思考が活性化している様子だった。気持ちの切り替えが上手くできず終了時に「MINANOHAにもっと居たい」と帰り渋りをする事が多々あった。

4　対象児への実践事例（エピソード）

<MINANOHA 利用開始／小1春〜小1秋 >

　学校へ行く頻度は徐々に減少。体育の授業がある日と週1回の特別支援教室（通級による指導）がある日は登校する。

　Kさんは、"学校に行っていない自分"からの不安や迷いよりも、自分が次々とキャッチしていく興味関心と共に、自由に活動したいという様子が特徴的だった。「あれもやりたい、これもやりたい」と自分の弾む気持ちを解放し、Kさんのペースで遊びを繰り返していった。なかでも、じっくりと遊び込める活動は、対自然物との活動の場面が多かった。砂遊びでは自分自身の身体がスッポリと入るほどの穴を掘ったり、裸足になって巨大水たまりを作ったり、池でオタマジャクシを捕ったり、裏山へシェパードと散歩に行ったりしながら、自分を解放して過ごし、MINANOHAでの安心と心地よさを溜めていった。

< 小1冬〜小2春 >

　学校へ行く頻度は変わらず、体育の授業がある日と週1回の特別支援教室（通級による指導）のある日は登校。

　Kさんがクリスマスに「ダイス・スタッキング」で使う"カップ"と"ダイス"のセットをもらうと、それを機に「MINANOHAでダイス・スタッキングを見せたい」という気持ちで、カップセットを持参し来所するようになる。担当のメンターは勿論、Kさんに関わるMINANOHA内の様々な大人や子どもたち、保護者の方々がKさんのダイス・スタッキングの腕前に驚き、Kさんからダイス・スタッキングのコツを教えてもらう活動が増えていく。

　人前で技を披露すること、自分のスキルの上達に少しずつ自信がついていったKさん。学校の休み時間にも登校するようになり、クラスメイトにダイス・スタッキングを披露するようになる。

< 小2春〜小2夏 >

　Kさんの関心が「ダイス・スタッキング」から『スポーツスタッキング※1』へと変化する。

※1　スポーツスタッキングとは、複数のカップを決められた型に積み上げたり崩したりして、1/1000秒単位でスピードを競うスポーツ

　MINANOHAの仲間たちとタイムを競い合うことで、負けず嫌いのKさんの腕前が他の人たちより明らかに上達。夢中になって練習を続ける。

ダイス・スタッキング

スポーツスタッキング

年度初め、Kさんの週1回の個別活動に加え、週1回のグループ活動を追加する。

しかし、グループ活動内での勝ち負けや気持ちの切り替えに、Kさん自身への負荷の方が強いと判断し、グループ活動は月に1回とし、代わって、個別活動を週2回に増やすことへ変更する。

個別活動では、主にスポーツスタッキングの練習の成果を披露しながら、息抜きに遊び活動を入れ、Kさんのやりたい事をKさんのペースで存分に味わえる体験を積み重ねていく。

☆小2夏、Kさんがスポーツスタッキングのジャパンカップで優勝し、日本一に輝く。

#3種目 #日本記録

＜小2秋〜現在＞

学校へ行く頻度が増えていく。ダイス・スタッキングや、スポーツスタッキングを通して、担任への安心感、クラスメイトへの安心感、教室、学校への安心感が、Kさんのペースで徐々に溜まってきている。体育の授業と週に1回の特別支援教室という登校スタイルから、休み時間、そして、図工や音楽への参加と少しずつ登校スタイルの幅が広がってきている。また、小2の間はKさんのペースで学校に行くことが自身の日常に安定してきており、結果、休み時間のみの登校等を含めると、ほぼ毎日登校することができつつある。

また、MINANOHAでも週2回の個別と月1回のグループ活動に加え、来年度からは、週に1回（月4回）のグループ活動を行う予定である。

「ダイス・スタッキング」を、コミュニケーションツール、そして学校という社会への媒介、媒体として活用することで、Kさん自身が安心したカタチでの「インクルージョン」が実現し始めている。

---

5 インクルージョンの取り組み

私たちは、多機能型事業所として『保育所等訪問支援※2』という指定事業も行っています。

その『保育所等訪問支援』を併用することで、子どもたちの"集団生活の場"においてのアセスメントが可能になり、保育所や学校等との協働体制を構築することができます。そこでは、「インクルージョン」「環境調整」をテーマに、子どもがいかに過ごしやすく、学びやすい空間にできるかという視点でケースカンファレンスを開催しています。

※2「保育所等訪問支援」とは、放課後等デイサービスと同様に、児童福祉法に基づく障害児通所支援サービスの一つに位置付けられ、子どもたちが保育所や学校等で、快適に過ごしやすく"集団生活"を送れるための支援を行うサービスです。

インクルーシブな環境
（地域資源の活用）での取り組み
一般社団法人 sukasuka-ippo「one step」

1　一般社団法人 sukasuka-ippo 創設の契機

　放課後デイサービス「one step」は、神奈川県横須賀市久里浜に所在する一般社団法人 sukasuka-ippo が運営しています。中学生、高校生の進路支援を主とする事業です。一般社団法人 sukasuka-ippo（以下、sukasuka-ippo）は、元々横須賀市療育相談センター通園部門（ひまわり園、福祉型児童発達支援センター（定員 50 名）・医療型児童発達支援センター（定員 40 名））の保護者役員会メンバーを中心に、2015（平成 27）年 4 月市内の障害福祉関連情報を収集して、保護者への情報提供を行う『ひまわり通信』の発行を行う活動を契機とする法人です。この『ひまわり通信』の発行を契機に、市内の障害児・者施設・事業の取材から得られた情報や関連イベント情報等を掲載するバリアフリー子育て情報サイト『sukasuka-ippo』を 2016（平成 28）年 4 月に立ち上げ、さらに市内での障害児やその保護者の生活環境整備を目的に法人化しました。

　2017（平成 29）年 4 月、一般社団法人 sukasuka-ippo の法人化後、主に保護者を中心に組織化されていたため、法人経営について見識を深めることを目的に、同法人は横須賀商工会議所（以下、商工会議所）の法人会員に加入し、法人経営を学び始めました。この際、商工会議所とのつながりが生まれ、まずは障害児をもつ保護者の就労機会を広げるため、商工会議所、地域企業と sukasuka-ippo で連携して「よこすかテレワーク」事業を開始したのです。この事業は障害児をもつ保護者の就労機会が限定されやすい状況の中で、保護者の希望する就労時間に応じて地域企業から業務のアウトソーシング受注を仲介する事業であり、2019（平成 31）年 4 月からは横須賀市から「ひとり親家庭の生活向上」事業の委託を受ける等、コロナ禍でのテレワーク等の浸透以前から、商工会議所、地域企業とともに多様な労働環境整備に取り組み始めました。この経験が、放課後デイサービス「one step」での地域企業、商工会議所との連携にもつながっていくのです。

放課後等デイサービス「one step」

　放課後等デイサービス「one step」は、市内の中学生、高校生を対象とした放課後等デイサービス事業が限られている中で、小学校卒業後の中学生、高校生段階の障害児の居場所をつくり、中学校、高等学校（特別支援学校中学部、高等部含む）卒業後の自立・就職に向けた準備の機会を増やす進路支援の充実を図るために、2022（令和4）年10月に立ち上げられた事業です。

図1　放課後等デイサービス「one step」事業イメージ
（引用：一般社団法人 sukasuka-ippo Web サイト https://www.sukasuka-ippo.com/18596/）

　横須賀市内では、障害児・者の就労に関して、保護者が高等学校や特別支援学校高等部卒業後に就労に向けた準備や経験を積み上げる期間（時間）が短いこと、特別支援教育の対象となる児童生徒が増加する中で就労先が不足していること、地域企業等において障害者雇用の受け入れ体制が整っておらず課題が少なくないこと等の課題が生じ、障害児をもつ保護者の不安となっていました。そのため、sukasuka-ippoでは、「特性に合った積み重ねの実施」「長期間かけて就労準備が可能」「障害者雇用の促進」「障害者雇用のノウハウを共有」[1] することが可能な放課後デイサービス事業の立ち上げを企図し、「地域企業や商工会議所と連携」を取りながら「長期休暇時に職場体験を実施」するサービスの提供を開始しました。

　「one step」は、平日（月〜金曜日）は13:00〜18:00、土曜日は10:00〜17:00で利用可能な定員10名の放課後等デイサービス事業であり、2024（令和6）年

２月現在約38名の利用者がいます。このうち、市内を中心とする特別支援学級在籍生徒が約2/3を占めており、その他に神奈川県立武山養護学校中学部・高等部、横須賀市立養護学校中学部、横須賀市立ろう学校中学部・高等部生徒や、神奈川県立津久井浜高等学校（インクルーシブ教育実践推進校）生徒等が利用しています。「one step」の支援は、利用生徒の身辺自立のサポートや社会性の育成等進路支援につなげていくことを目的としていますが、その一方で地域企業の障害者雇用を促進する上で、地域企業が障害児を「知らない」「わからない」ことで雇用に消極的になっている状況を解決していくために、障害者の理解促進を推し進めることも目的としています。つまり地域企業を中心に障害者雇用への理解を深めることで、地域企業の人材不足の解消だけでなく、障害児が地域で就労し、地域での生活を実現することで、共生社会の実現も目指しているのです。

　そのため、「one step」では、放課後各学校に送迎バスを出して生徒の送迎を行うのではなく、児童指導員等が各学校を訪問し、利用生徒と公共交通機関を利用して事業所まで移動する自立通所トレーニングに取り組んでいます。この自立通所トレーニングはサービス利用後、事業所から各家庭への帰路でも取り組まれています。自立通所トレーニングをデイプログラムに取り入れることは、放課後等デイサービス事業所にとって助成金（送迎加算）支給対象外となるため、事業経営面では経営リスクという課題となります。それでも、「one step」では高等学校や特別支援学校高等部卒業後、自立通所が可能な生徒に関しては就労先の選択肢が大きく広がるため、進路支援として重点的に取り組んでいます。

　また、「one step」の進路支援に係るプログラムの中核的活動は、長期休暇時の職場体験の実施であり、2023（令和5）年7月の夏季休業時期から開始しました。この職場体験は「新しい環境への順応が難しい」、「特性に合った業種を見極める必要がある」、「就労スキルの習得に時間がかかる」という支援の必要な生徒に対して、定期的な職場体験の実施を通して、「新しい体験先へ定期的にいく事で順応性を育む」、「様々な体験先の経験による特性の見極め」、「長期間をかけた就労スキルの習得」を目的としています。同事業所では「定期的・持続的に職場体験を実施することで、特性に合った就労スキルの習得や実際に就労した際の『ズレ』が生じる事を防ぎ、就労後の定着率向上を図る」ことを目的に取り組み始めた活動です。

　この職場体験は地域企業や商工会議所にとっても、「中間的就労の機会や場の不足」、「障害者雇用のための人材・ノウハウがない」、「外部機関との連携が十分でない」課題に対して、「職場体験を通し実際に雇用した際の『ズレ』を防止」、「障害者雇用についてのノウハウを共有」、「定着支援やスキル認定証の発行をし、十

分な連携を行う」ことで、障害者雇用の機会増加を図ることにつながるものです。この職場体験のポイントは、職場体験を３段階設定し[2]、各段階を修了した生徒には商工会議所から認定書を発行することで、生徒の就労意欲を高めるとともに、地域企業側にも安心して経験者の雇用を進めてもらうための仕組みを組み込んでいることです。認定書には生徒の個人情報の他、「体験先や終了段階、体験内容、期間など職場体験で習得した業務」について記載されており、商工会議所が発行元となることで、地域企業側に生徒の体験キャリアに関する情報と一定の保証を示すことができるようになっているのです。

3　放課後デイサービス「one step」の特質

「one step」では将来的に「one step」利用者の就労後の定着支援にも取り組む予定であり、中学生、高校生に特化した放課後等デイサービス事業として、従来の放課後等デイサービスと異なるサービス提供を試みています。特にインクルーシブな取り組みとして、放課後等デイサービス事業を活用して、地域企業や商工会議所と連携し、障害児の卒業後の地域生活の充実、就労、定着による共生社会の実現を目指していることが特徴的であるといえます。

また、「one step」は立地として京急久里浜駅前の久里浜商店街に所在しており、同商店街で毎月２～３回開催されている「戸板市」で、企業の出店ブースの手伝いや2024（令和６）年１月の能登震災への募金活動等に利用生徒が自主的に取り組んでいます。日常的に地元住民の往来がある立地を生かして交流を積み重ねているため、「one step」利用生徒はインクルージョンな環境で生活を送ることが可能となっています。

このような「one step」の地域企業や商工会議所、地元商店街との連携に関して、一般社団法人 sukasuka-ippo 代表理事五本木愛氏は、全国に地域企業や商工会議所等があるため、「one step」に類似した取り組みはどこでも可能であり、広げていくためには助言や情報提供等は惜しまないと語っています。「one step」は一つのインクルーシブな放課後デイサービス事業のモデル事業として、今後さらに事業を展開していく中で、多くの示唆を得ることが可能となると考えられます。

【注】
（１）　以下、鍵括弧は名詞を除き、一般社団法人 sukasuka-ippo 提供資料からの引用です。
（２）　３段階は、「体験場所に行き、体験をする」第一段階、「自立に向けたトレーニングをする」第二段階、「出社から退社までを一人でこなし、仕事内容に関しても一定の水準をクリアする」第三段階の設定となっています。

◆ 第3部 ◆

放課後等デイサービスなどの
インクルーシブな取り組み

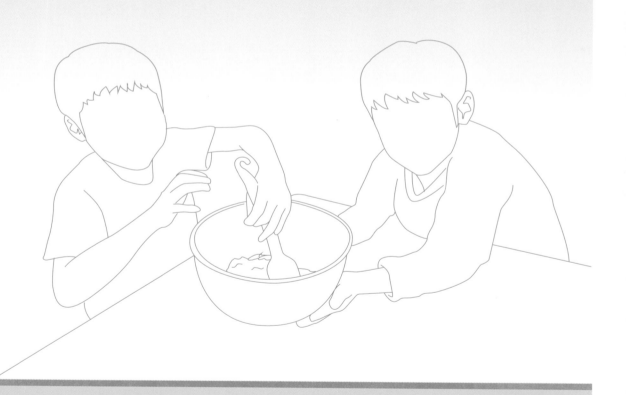

●●インクルーシブな取り組み●●
事業所の外へ プレイ＆リズム希望丘

　プレイ＆リズム希望丘は2005（平成17）年に支援費制度による児童デイサービスとして開設、2012（平成24）年の法改正より現在は児童発達支援と放課後等デイサービスを多機能で運営しています。日本は2014（平成26）年に障害者権利条約を批准し、放課後等デイサービスにおいては従来の個々の障害特性に応じた治療教育的な側面だけでなく、地域における共生社会構築の側面も期待されるようになりました。

　その流れを受けて私たちプレイ＆リズム希望丘が大切にしていることのひとつに、事業所の外に出て、公共交通機関を使ったり、買い物や外食をしたり、地域の資源を子どもたちが利用する取り組みがあります。インクルージョンを意識した取り組みです。

　さて、学齢期の子どもを預かる放課後等デイサービスでは、「夏休みの過ごし方をどう提供するか」が非常に重要です。通常の放課後より滞在時間が長くなる夏休みは、事業所の外に出て様々な活動に取り組むチャンスでもあり、私たちは毎年施設前のアジサイが咲き始めると、子どもたちとこの夏はどこに行きたいかを話し合うのが日課となりました。そんな子どもたちと決めたプログラムには、バスと電車を乗り継いだ外出、会社や工場の見学、ミュージアム等の利用、そして近隣のレストランでの食事会などがあり、子どもの支援目標に応じて参加をしてもらいます。事業所の立地も恵まれているのかもしれません。どこも素敵な場所ばかりですが、子どもたちが住み慣れた地域にある近隣の資源は、相互理解を深め、当たり前のように利用できるようになりたいと願い何度も足を運んでしまいます。そしてやはり利用回数を重ねるごとに、私たちの存在は「あまり接したことのない人たち」「お客様扱い」から、「他と変わらない近隣の子どもたち」に変化するのを実感できるのです。

　このように取り組みは着実に重ねてきていますが、一方でなかなか利用が難しいと感じる場所もあります。それは意外にも児童館のような、子どもなら誰でも利用して良いはずの施設。過去に私たちが利用してきた資源の中でも子どもたちの満足度が得にくいと感じるだけでなく、残念ながらご家族からの希望も少ない場所です。

　国が2015（平成27）年に策定した放課後等デイサービスガイドラインには、共生社会の実現に向け、他の子どもも含めた集団での育ちをできるだけ保障する視点、放課後児童クラブや児童館等の一般的な子育て支援策の後方支援が求められています。しかしこれは容易にクリアできる取り組みでないことを実感せざるを得ま

せん。放課後等デイサービスに通う多くの子どもにとっては、「特にこれをすると決めている訳ではないけれど、友達も来ているかもしれないし、いなくても同じ興味をもつ子としゃべれば良いし、とりあえず行ってみよう」という、遊び場はハードルの高いものとなるのです。

　プレイ＆リズム希望丘から歩いてすぐの場所に、子ども・若者が居場所として自由に利用できる青少年交流センターが2019（令和元）年に開設されました。公設であり、地域とのつながりを大切にしているこの施設は私たちにとって頼もしい存在です。この施設を障害のある子どもたちも、近隣の子どもたちと同じように、地域の居場所として使えるようにできないか。開設後から利用を試みますが、私たちが力みすぎたのか最初の年は誰とも触れ合わない「お客様」としての利用で終わってしまいました。私たちが利用する日に、貸し切りの大きな部屋をひとつ用意して下さったのです。私たちが期待する、地域の子どもたちと同じような利用にはまだまだステップが必要と感じた出来事でした。まずは地域の大人たちに子どものことをわかってもらおう。この年より、地域の子ども・青少年の支援者たちによる懇親会に積極的にスタッフが参加し、事業所の紹介をしたり交流を重ねてきました。

　新型コロナウイルスが5類となった2023（令和5）年、久しぶりにこの青少年交流センターに遊びに行くことにしました。眺めの良い窓辺をお気に入りの場所としてゆっくり寛ぐ子、同年齢の子どもたちの遊びをじっと見て笑顔になる子、簡単なボードゲームに挑戦する子など、子どもたちはそれぞれの過ごし方をしました。もちろん、長くは過ごせず早めに帰ってきた子もいましたが、皆が「利用したぞ」という手応えはあった、そんな子どもたちの表情に感じました。

　子どもたちが「楽しかった」「また行きたい」と思え、地域の居場所のひとつとして利用できるのか。他の子どもも含めた集団での過ごし方、共生社会の実現に向けて私たちは何ができるのか。今後も試行錯誤を続けながら取り組んでいきたいと思います。

青少年交流センターを利用した時の様子

●●インクルーシブな取り組み●●
地域での経験を拡げるために
－ハンバーガーショップへおでかけしよう－

　特別支援学校小学部1年生になった尚くん（仮名）は新しい環境にゆっくり慣れていくタイプ。新しいことに不安が強く、家庭以外の新しい環境では、自分の思いをのびのびと伝えることが少なく、それぞれの環境で安心して過ごせるまでじっくりと寄り添って支援する必要があります。そんな尚くんの様子から、尚くんが地域で生活するために少しずつ経験が広がるようにと家族は考えていました。放課後等デイサービスの利用も無理のないよう慎重に進め、学校が休みの土曜日に月3回程度利用していました。

　小学部の生活に少しずつ慣れて迎えた夏休み、これまでも定期的に利用していた放課後等デイサービスで過ごすこととなりました。

　その日、放課後等デイサービス事業所が計画したのが「ハンバーガーショップへおでかけしよう」です。本人が安心して活動に参加できるように、放課後等デイサービス事業所では予め何を注文するかチラシを見て本人が食べたいものを選ぶ機会を作ってからハンバーガーショップへ出かけました。尚くんは自分で食べたいものを選び、放課後等デイサービスの友だちと一緒にお店でのランチをすることができました。このことは、家族以外の方と経験する初めての外食となりました。帰宅した尚くんは持ち帰ったチラシを見せながら「これ頼んだよ」と家族に話してくれ、「楽しかった」「また行きたいね」と笑顔で話してくれました。尚くんの達成感が伝わる嬉しい姿でした。

●●インクルーシブな取り組み●●
地域における「あたりまえ」の生活
一般社団法人 sukasuka-ippo 「sukasuka-kids」

　学童保育事業「sukasuka-kids」は、2018（平成30）年4月1日に横須賀市久里浜商店街内に開所した、一般社団法人 sukasuka-ippo が運営する「インクルーシブ学童」を標榜する事業です。「sukasuka-kids」は日本社会でインクルーシブの言葉の認知度が低いため、あえて「インクルーシブ学童」との名称を用いています。2024（令和6）年2月現在、定員34名で、その内約半数が障害のある児童です。「sukasuka-kids」の利用時間は下校時〜18:00（延長利用は応相談）で、土曜・学校休業日は8:00〜18:00となっており、デイプログラムは概ね「宿題・自由遊び」→「おやつ」→「自由遊び（外遊び・室内活動など）」→「帰りのしたく」となっています。

　「sukasuka-kids」では事業利用前に、保護者には「トラブルが生じる」旨を説明します。実際に他児からおやつがとられる等のトラブルは起きるということです。未熟な児童期は自分の気持ちや想いを言葉で上手に表出することは難しく、故に関わりがあるからこそ起きるトラブルなのです。それでも児童たちは、関わる中で他の児童をよく観察して相手の気持ちを読み取ろうとし、おやつをとられないように自分の体でブロックして食べるようにする等工夫して生活していきます。おやつをとろうとする児童も自らお代わりを指導員にもらおうとする等、コミュニケーションスキルを高めていくといいます。インクルーシブな環境だからこそ、共に過ごす中で配慮や工夫を学習し、それが「sukasuka-kids」では「あたりまえ」の生活となっていくといいます。

　また、「sukasuka-kids」は障害者支援に関する施設が市街から離れたところにある場合が多いことに対して、「街の中にあたりまえにあるべき」であると考え、商店街の中に立地しました。この立地のため、商店街から「sukasuka-kids」の児童に様々な行事の手伝いを頼まれたり、夏祭りへの参加を促されたりするといいます。「sukasuka-kids」はインクルーシブな学童保育環境であるだけでなく、地域との共生が実現している事業ということができます。

放課後支援関係法令等（一部抜粋）

放課後支援関連法律
■教育基本法（平成18年12月22日法律第120号）
第13条　学校、家庭及び地域住民その他の関係者は、教育におけるそれぞれの役割と責任を自覚するとともに、相互の連携及び協力に努めるものとする。

■社会教育法（昭和24年6月10日法律第207号）
第3条　国及び地方公共団体は、この法律及び他の法令の定めるところにより、社会教育の奨励に必要な施設の設置及び運営、集会の開催、資料の作製、頒布その他の方法により、すべての国民があらゆる機会、あらゆる場所を利用して、自ら実際生活に即する文化的教養を高め得るような環境を醸成するように努めなければならない。

3　国及び地方公共団体は、第一項の任務を行うに当たつては、社会教育が学校教育及び家庭教育との密接な関連性を有することにかんがみ、学校教育との連携の確保に努め、及び家庭教育の向上に資することとなるよう必要な配慮をするとともに、学校、家庭及び地域住民その他の関係者相互間の連携及び協力の促進に資することとなるよう努めるものとする。

■児童福祉法（昭和22年12月12日法律第164号）
第6条の2の2　この法律で、障害児通所支援とは、児童発達支援、医療型児童発達支援、放課後等デイサービス、居宅訪問型児童発達支援及び保育所等訪問支援をいい、障害児通所支援事業とは、障害児通所支援を行う事業をいう。

④　この法律で、放課後等デイサービスとは、学校教育法（昭和22年法律第26号）第1条に規定する学校（幼稚園及び大学を除く。）に就学している障害児につき、授業の終了後又は休業日に児童発達支援センターその他の内閣府令で定める施設に通わせ、生活能力の向上のために必要な訓練、社会との交流の促進その他の便宜を供与することをいう。

（中略）

第6条の3　この法律で、児童自立生活援助事業とは、次に掲げる者に対しこれらの者が共同生活を営むべき住居における相談その他の日常生活上の援助及び生活指導並びに就業の支援（以下「児童自立生活援助」という。）を行い、あわせて児童自立生活援助の実施を解除された者に対し相談その他の援助を行う事業をいう。

②　この法律で、放課後児童健全育成事業とは、小学校に就学している児童であつて、その保護者が労働等により昼間家庭にいないものに、授業の終了後に児童厚生施設等の施設を利用して適切な遊び及び生活の場を与えて、その健全な育成を図る事業をいう。

放課後支援関連通知等
■新・放課後子ども総合プラン（2018（平成30）年9月14日策定）
8　特別な配慮を必要とする児童への対応（pp.12-13）
（1）基本的な考え方　放課後児童クラブにおける障害のある児童の受入れクラブ数や受入れ児童数は年々増加しており、放課後子供教室においても、活動を希望する児童が多く参加しているものと考えられる。また、虐待やいじめを受けた児童が放課後児童クラブや放課後子供教室に来所すること、地域によっては日本語能力が十分でない児童も多く来所することもあることから、事業の実施者において、こうした特別な配慮を必要とする児童が安心して過ごすことができるよ

うにすることが重要である。

（2）学校・家庭との連携 特別な配慮を必要とする児童の利用を推進するに当たっては、7（4）に記載したことに加え、当該児童の状況等を学校関係者と放課後児童クラブ及び放課後子供教室との間で相互に話し合い、必要に応じ、専門機関や要保護児童対策地域協議会、障害児通所支援事業所等の関係機関と連携して適切に対応する必要がある。

（3）放課後等デイサービス事業への学校施設の活用や放課後児童クラブとの連携 障害のある児童の中には、放課後児童クラブと生活能力の向上のために必要な訓練等を提供する放課後等デイサービス事業所に通う者もみられる。児童の放課後等の安全・安心な居場所や活動場所の確保の観点から、放課後等デイサービスの実施に当たっても、学校施設の積極的な活用が望まれるほか、両事業者が連携をとりながら、こうした児童の育成支援及び療育を進めていくことが重要である。

■**放課後児童クラブ運営指針**（2015（平成27）年4月1日）
第3章 放課後児童クラブにおける育成支援の内容（pp.9-10）
　2．障害のある子どもへの対応
（1）障害のある子どもの受入れの考え方
○ 障害のある子どもについては、地域社会で生活する平等の権利の享受と、包容・参加（インクルージョン）の考え方に立ち、子ども同士が生活を通して共に成長できるよう、障害のある子どもも放課後児童クラブを利用する機会が確保されるための適切な配慮及び環境整備を行い、可能な限り受入れに努める。
○ 放課後児童クラブによっては、新たな環境整備が必要となる場合なども考えられるため、受入れの判断については、子ども本人及び保護者の立場に立ち、公平性を保って行われるように判断の基準や手続等を定めることが求められる。
○ 障害のある子どもの受入れに当たっては、子どもや保護者と面談の機会を持つなどして、子どもの健康状態、発達の状況、家庭の状況、保護者の意向等を個別に把握する。
○ 地域社会における障害のある子どもの放課後の生活が保障されるように、放課後等デイサービス等と連携及び協力を図る。その際、放課後等デイサービスと併行利用している場合には、放課後等デイサービス事業所と十分な連携を図り、協力できるような体制づくりを進めていくことが求められる。

（2）障害のある子どもの育成支援に当たっての留意点
○ 障害のある子どもが、放課後児童クラブでの子ども達との生活を通して共に成長できるように、見通しを持って計画的な育成支援を行う。
○ 継続的な育成支援を行うために、障害のある子ども一人ひとりについて放課後児童クラブでの状況や育成支援の内容を記録する。
○ 障害のある子どもの育成支援についての事例検討を行い、研修等を通じて、障害について理解する。
○ 障害のある子どもの特性を踏まえた育成支援の向上のために、地域の障害児関係の専門機関等と連携して、相談できる体制をつくる。その際、保育所等訪問支援、障害児等療育支援事業や巡回支援専門員整備事業の活用等も考慮する。
○ 障害のある子どもの育成支援が適切に図られるように、個々の子どもの状況に応じて環境に配慮するとともに、職員配置、施設や設備の改善等についても工夫する。
○ 障害者虐待の防止、障害者の養護者に対する支援等に関する法律（平成23年法律第79号）の理念に基づいて、障害のある子どもへの虐待の防止に努めるとともに、防止に向けての措置を講ずる。

3．特に配慮を必要とする子どもへの対応
（1）児童虐待への対応
○ 放課後児童支援員等は、児童虐待の防止等に関する法律（平成12年法律第82号）に基づき児童虐待の早期発見の努力義務が課されていることを踏まえ、子どもの状態や家庭の状況の把握により、保護者に不適切な養育等が疑われる場合には、市町村（特別区を含む。以下同じ。）や関係機関と連携し、法第25条の2第1項に規定する要保護児童対策地域協議会で協議するなど、適切に対応することが求められる。
○ 児童虐待が疑われる場合には、放課後児童支援員等は各自の判断だけで対応することは避け、放課後児童クラブの運営主体の責任者と協議の上で、市町村又は児童相談所に速やかに通告し、関係機関と連携して放課後児童クラブとして適切な対応を図らなければならない。

（2）特別の支援を必要とする子どもへの対応
○ 放課後児童支援員等は、子どもの家庭環境についても配慮し、家庭での養育について特別の支援が必要な状況を把握した場合には、子どもと保護者の安定した関係の維持に留意しつつ、市町村や関係機関と連携して適切な支援につなげるように努める。
○ 放課後児童クラブでの生活に特に配慮を必要とする子どもの支援に当たっては、保護者、市町村、関係機関と情報交換を行い、連携して適切な育成支援に努める。

（3）特に配慮を必要とする子どもへの対応に当たっての留意事項
○ 特に配慮を必要とする子どもへの対応に当たっては、子どもの利益に反しない限りにおいて、保護者や子どものプライバシーの保護、業務上知り得た事柄の秘密保持に留意する。

■放課後等デイサービスガイドライン（2015（平成27）年4月1日）

共生社会の実現に向けた後方支援（pp.2-3）
放課後等デイサービスの提供に当たっては、子どもの地域社会への参加・包容（インクルージョン）を進めるため、他の子どもも含めた集団の中での育ちをできるだけ保障する視点が求められるものであり、放課後等デイサービス事3　業所においては、放課後児童クラブや児童館等の一般的な子育て支援施策を、専門的な知識・経験に基づきバックアップする「後方支援」としての位置づけも踏まえつつ、必要に応じて放課後児童クラブ等との連携を図りながら、適切な事業運営を行うことが求められる。さらに、一般的な子育て支援施策を利用している障害のある子どもに対して、保育所等訪問支援を積極的に実施する等、地域の障害児支援の専門機関としてふさわしい事業展開が期待されている。

■障害児通所支援に関する検討会報告書（2023（令和5）年3月28日）

2．基本的な考え方（p.3）
（3）地域社会への参加・包摂（インクルージョン）の推進
○ 全ての国民が障害の有無にかかわらず、互いに人格と個性を尊重しあい、理解しあいながら共に生きていく共生社会の実現に向けては、障害の有無にかかわらず、こども達が様々な遊びなどの機会を通じて共に過ごし、学び合い、成長していくことが重要である。こども家庭庁も創設される中で、子育て支援施策全体の連続性の中で、インクルージョン（地域社会への参加・包摂）をこれまで以上により一層推進すべきである。

○ このため、障害児通所支援に携わる全ての事業所には、障害児支援だけでなく、こども施策全体の中での連続性を意識し、こどもの育ちと個別のニーズを共に保障した上で、インクルージョン推進の観点を常に念頭におきながら、こどもや家族の支援にあたっていくことが求められる。

おわりに

　私たちの研究グループはもともと特別支援教育についての研究会を開催し、特別支援学校の教育課程や指導の在り方を中心に研究を行ってまいりました。個別の指導計画や個別の教育支援計画の活用や引継ぎによる一貫した指導の在り方について考える中で、卒業後の就労や通所施設での支援への継続した取り組みを進めていくため、通所施設における支援の在り方について調査研究を行いました。障害児・者の卒業後への支援の継続を考えることを目的として「障害児者総合支援研究会」（以下、本研究会という）を立ち上げ、研究を行ってまいりました。この障害児者総合支援研究会を立ち上げたのが 2018 年 10 月 6 日でした。本研究会においては、はじめは特別支援学校高等部卒業生の多くが進路先としている福祉就労といわれている B 型就労継続支援事業所や生活介護事業所について、その実態や課題について共有しました。その後は 2012 年から始まった放課後等デイサービスと学校の連携を中心に研究会を進めてまいりました。2017 年に文部科学省と厚生労働省が家庭・教育・福祉の連携「トライアングル」プロジェクトを立ち上げ、報告が出されました。この報告においては、学校と放課後等デイサービス事業所との連携が重要であることが示されました。本研究会においても東京都の放課後等デイサービスの事業所を対象にアンケート調査を行い、2020 年には十文字学園女子大学研究紀要に研究論文として報告しました。その後もほぼ月に 1 回のペースで研究会を行い、本書の発刊に至りました。

　改めて全体をみると放課後等デイサービス事業は施策ができてまだ 12 年という新しい事業です。にもかかわらず開始から 10 年間で事業所数は約 6 倍、利用者数は約 5 倍になっています。利用者のニーズも多様で、事業所も多様な運営事業者が参入し、課題も多く指摘されています。この状況を受け、障害児通所支援に関する検討会が、2021 年、2023 年に行われ、改善策が提言されました。本書の中にはこれらのことも記載しましたが、インクルージョンに向けた実践をしている事業所からの実践の報告等も掲載しました。是非とも参考にされてください。終わりになりましたが、本書の発刊にご協力をいただいたジアース教育新社の加藤社長、担当者の西村様には心から感謝申し上げます。

岩井 雄一

（全国特別支援教育推進連盟理事長・社会福祉法人 せたがや樫の木会理事長）

■執筆者一覧

監修者　渡邉健治（東京学芸大学名誉教授）
　　　　岩井雄一（特別支援教育推進連盟理事長・社会福祉法人せたがや樫の木会理事長）

編著者　中西　郁（十文字学園女子大学・社会福祉法人ドリームヴイ）
　　　　大井　靖（竹早教員保育士養成所）
　　　　日高浩一（東京都立中野特別支援学校）
　　　　蓮香美園（東京学芸大学附属特別支援学校）
　　　　田中　謙（日本大学）
　　　　若井広太郎（東京家政大学）

執筆者

第1部　障害児の放課後活動の基本

第1章　渡邉健治（前掲）　　　第1節〜第5節1（1）、第6節
　　　　今村幸子（鹿児島女子短期大学）第5節1（2）
第2章　若井広太郎（前掲）　第1節〜第3節
　　　　中西　郁（前掲）　第4節
第3章　岩井雄一（前掲）
第4章　蓮香美園（前掲）
第5章　日高浩一（前掲）
第6章　布施麻紀子（社会福祉法人せたがや樫の木会）
第7章　大井　靖（前掲）
第8章　田中　謙（前掲）

第2部　放課後を豊かにする放課後等デイサービスなどの取り組み

　●特別支援学校小学部児童への取り組み（かもみーるところざわ／たまみずき清瀬）
　　　　　　　　　　　　　　　　　　　　　　　　松本　忍（東京都立永福学園）
　●特別支援学校中学部・高等部生徒への取り組み　　竹嶋信洋（ベストサポート）
　●重症心身障害児・医療的ケア児への取り組み　　渡邉流理也（新潟大学）
　●特別支援学級児童への取り組み　　大関浩仁（品川区立第一日野小学校）
　●通常の学級の児童生徒への取り組み　　布施麻紀子（前掲）
　●日本の学校文化が「障壁」「障害」になっている児童への取り組み　　鰐淵遊太
　　　　（Satellite School MINANOHA ＠発達相談支援センター CORONOAHorange）
　●インクルーシブな環境（地域資源の活用）での取り組み　　田中　謙（前掲）

第3部　放課後等デイサービスなどのインクルーシブな取り組み

　●事業所の外へ　　布施麻紀子（前掲）
　●地域での経験を拡げるために―ハンバーガーショップへおでかけしよう―　蓮香美園（前掲）
　●地域における「あたりまえ」の生活　　田中　謙（前掲）

巻末資料　放課後支援関係法令等　　田中　謙（前掲）

インクルージョンを進めるために
障害児の放課後活動を豊かにしよう
～ 放課後等デイサービスを中心に ～

令和 6 年 7 月 29 日　初版第 1 刷発行

■監　　修　　渡邉 健治・岩井 雄一
■編　　著　　中西 郁・大井 靖・日高 浩一・蓮香 美園・田中 謙・若井 広太郎
■発 行 人　　加藤 勝博
■発 行 所　　株式会社 ジアース教育新社
　　　　　　　〒 101-0054　東京都千代田区神田錦町 1-23　宗保第 2 ビル
　　　　　　　TEL：03-5282-7183　FAX：03-5282-7892
　　　　　　　E-mail：info@kyoikushinsha.co.jp
　　　　　　　URL：https://www.kyoikushinsha.co.jp/

■表紙・扉デザイン　　宇都宮 政一
■本文デザイン・DTP　　土屋図形 株式会社
■印刷・製本　　三美印刷 株式会社
Printed in Japan
ISBN978-4-86371-696-4
定価は表紙に表示してあります。
乱丁・落丁はお取り替えいたします。（禁無断転載）